Ulf Poschardt

EINSAMKEIT

Ulf Poschardt

EINSAMKEIT

Die Entdeckung eines Lebensgefühls

Kabel by Piper

Meinen Freundinnen und Freunden

ISBN-13: 978-3-8225-0673-8
ISBN-10: 3-8225-0673-7
Originalausgabe

Satz: Satz für Satz. Barbara Reischmann, Leutkirch
Druck und Bindung: Clausen & Bosse, Leck
Printed in Germany

www.kabel-verlag.de

Die Unmöglichkeit, Liebe zu finden,
ist die einzige Entschuldigung für E i n s a m k e i t.

Jeder ist einsam. Es gibt lediglich verschiedene Grade von Einsamkeit. Obwohl, oder gerade weil der Mensch ein Herdentier ist, fühlt er sich einsam. Immer mehr Menschen kennen dieses Gefühl, nicht nur in Deutschland, sondern überall auf der Welt. Überall dort, wo Menschen sich selbst verwirklichen, sich emanzipieren und frei leben dürfen. Jede Form von Freiheit hat ihren Schatten. Wer frei ist von Beziehungsterror, den Ansprüchen der Familie, den Verpflichtungen einer Ehe, wird dadurch nur kurz oder gar nicht glücklich. Die meisten Menschen sehnen sich nach Nähe und scheitern. Sie fühlen sich in Isolationshaft und leiden darunter. Zur Zeit leben in Deutschland über 14 Millionen Menschen allein. Tendenz steigend. Ganz zu schweigen von den Millionen Menschen, die in einer Ehe oder Beziehung geborgen sein sollten und sich einsamer fühlen denn je.

Einsamkeit geht jeden an. Bisher wird Einsamkeit vor allem als Problem begriffen. Wer unter dem Stichwort Einsamkeit googlet, landet auf Seiten über Depression, Isolation, Krankheit, Angst, Alter, Selbstmord. Nicht gerade eine verlockende Umgebung. Einsamkeit hat einen schlechten Ruf. Das ist kein Wunder, aber ungerecht.

Einsamkeit bedeutet eine Chance auf Selbstfindung und Glück. Nur wer gelernt hat, einsam zu sein, kann sich selbst finden und dann auch einen Partner fürs Leben. Anstatt Einsamkeit zu problematisieren, müssen wir lernen, sie zu verstehen und zu nutzen. Sie ist der Königsweg zu einem erfüllten Leben in Souveränität. Sie macht stärker und unabhängiger, und sie hilft – so absurd das klingen mag –, sich leichter zu binden. Man liebt leidenschaftlicher, wenn man weiß, daß man auch alleine glücklich werden kann. Man will weder klammern noch glucken, sondern sucht jene Form von Zweisamkeit, die ohne Abhängigkeit auskommt.

Dieses Buch versucht nichts weniger, als der Einsamkeit einen besseren, vielleicht sogar guten Ruf zu verschaffen – und uns allen zu zeigen, wieviel wir einer bewußt erlebten Einsamkeit abgewinnen können. Gesetzt den Fall, wir wagen es, uns der Einsamkeit auszusetzen und freiwillig aus dem sozialen Netz und seinen vermeintlichen Sicherheiten herauszufallen. Einsamkeit ist eine Art Sozialdiät mit ebenso großem Euphoriepotential wie ein geschrumpfter Hintern nach der South-Beach-Diät oder eine gertenschlanke Taille nach Atkins. Vielleicht sollte ich das Ganze die Poschardt-Sozialdiät nennen, wir werden sehen.

Gestaunt jedenfalls haben die Verhaltensforscher des Max-Planck-Instituts im bayerischen Andechs, als sie Dutzende von Freiwilligen für mehrere Wochen alleine in ein Zimmer sperrten, ohne Telefon, Fernseher, Radio oder sonstige Kommunikationsmedien. Nicht einmal ein Fenster gab es, nur künstliches Licht. Kontakt zur Außenwelt war nur über Briefe möglich. Jeder durfte mitbringen, womit er sich am liebsten die Zeit vertreiben wollte.

Die Teilnehmer konnten Klavieretüden üben oder die Bauchmuskeln trainieren. Am Anfang fürchteten alle, das Experiment nicht lange durchzuhalten. Doch als sich die Türen zur Außenwelt wieder öffneten, erklärten achtzig Prozent der Testpersonen, daß sie gerne wiederkommen würden. Sie waren danach »ruhiger und ausgeglichener«, wie der Untersuchungsleiter erklärt. Sie haben offensichtlich gelernt, die Einsamkeit in ihrer extremsten Form zu genießen.

Die Grundthese dieses Buches ist, daß dies alle Menschen können. Einsamkeit richtig zu verstehen, heißt, sie als mentales Bodybuilding zu begreifen, als Chance, »ich« zu werden. Die Forscher vom Max-Planck-Institut betonen, wir alle seien »Rhythmus-Pausen-Menschen«. Waren wir vielen Reizen und Menschen ausgesetzt, brauchen wir anschließend eine Ruhephase. Dies sei Teil unserer biologischen Ausstattung, doch diese natürlichen Rhythmen würden im Alltag zunehmend ausgelöscht.

In dieser Erkenntnis liegt der Kern jener Chance auf Glück, die Einsamkeit bietet. Einsamkeit gehört zum menschlichen Leben notwendigerweise dazu. Einsamkeit ist wie Einatmen, Gemeinschaft wie Ausatmen. Es geht um die richtige Balance.

Sehnen Sie sich nach anderen Menschen? Das ist gut so. Das ist die beste Voraussetzung, um einsam glücklich zu sein. Wie? Sie werden sehen.

Warum also haben so viele Menschen Angst vor der

Einsamkeit? Weil sie dieses Gefühl nicht richtig dosieren können, und weil sie abergläubisch sind. Sie haben Angst, daß Einsamkeit eine ansteckende, unheilbare Krankheit ist: Einmal infiziert, wird man sie nicht mehr los. Zerfallende Familien, das Altern der Gesellschaft und die grassierende Bindungslosigkeit des Menschen in modernen Wohlstandsgesellschaften lassen realistisch erscheinen, daß schon Ende dieses Jahrzehnts jeder zweite Deutsche allein leben wird. Einsamkeit ist längst eine Volkskrankheit, und sie ist es vor allem deshalb, weil so viele Einsame sich krank fühlen. Glücklich Einsame sind eine Minderheit. Ich bin einsam und glücklich. Dies vorneweg. Alleinleben ist ein sozialstatistischer Befund, Einsamkeit ein psychischer Zustand. Man kann alleine sein und nicht einsam. Einsam und nicht alleine. Die einsamsten Menschen, mit denen ich sprach, waren verheiratet. Ulrich Beck hat Einsamkeit »das stabilste Fundament der Ehe« genannt. Demgegenüber steht die Sehnsucht als stabilstes Fundament der Einsamkeit.

Ich bin nicht immer einsam. Aber wenn ich es bin, nutze ich die Zeit. Es ist die Zeit, in der man wächst und lernt. Nicht gegen die anderen Menschen, sondern in innerer Unabhängigkeit. Einsamkeit richtet den inneren Kompaß neu aus. Sie sortiert das Innenleben für die Begegnung mit anderen. Sie schont das soziale Netzwerk, anstatt es zu zerstören.

Ich genieße Einsamkeit, weil sie immer endlich ist. Weil sie ein Freund und keine Krankheit ist. Und weil ich gelernt habe, mit ihr zu leben. Sie ist ein Kraftfeld, ein Ort von Ruhe, Schönheit und Konzentration, und sie ist ein Motor. Ich bade in Isolation, statt in Menschen. Baden Sie mit mir. Natürlich jeder für sich alleine.

Eine Minute E i n s a m k e i t

Aller Anfang ist schwer. Was wohl ist der Moment, in dem ein kleines Kind zum ersten Mal spürt, daß es einsam ist? Wann versteht es, daß es verlassen wurde und nun ganz bei sich bleiben muß? Entwicklungspsychologen sprechen von einem traumatischen Einschnitt im Leben eines Säuglings. Diesen ersten Moment der Einsamkeit gibt es in jedem Leben. Die Frage ist nur, wann er kommt. Und welche Rückschlüsse der winzige Mensch daraus zieht.

Wie fühlt es sich an, zum ersten Mal einsam zu sein? Ich habe keine Ahnung. Will es auch nicht wissen. Ich vermute aber, daß sich in jenem Moment alles entscheidet. Beginnt das Kind nicht zu schreien, sondern liegt einfach nur still und staunend da, blickt versonnen auf die Wände und den matten Glanz der Sonne auf dem Fensterbrett, dann könnte ein glücklicher Mensch aus ihm werden. Einer der weiß, daß er die anderen nicht braucht, um bei sich zu sein. Für den Einsamkeit nicht Isolation bedeutet, sondern jene Stille der Existenz, die Glück und Frieden sein kann. Aber vielleicht eile ich ein wenig voraus.

Wissenschaftler in Florida haben herausgefunden, daß Frühgeborene im Brutkasten, einem relativ einsamen Ort, ihren Reiferückstand schneller aufholen, wenn sie dreimal täglich gestreichelt werden. Sie können das Krankenhaus knapp eine Woche früher verlassen als jene, die nicht berührt werden. In der Tierwelt drosseln Neugeborene bei Mangel an Berührung ihren Stoffwechsel und hören auf zu wachsen. Sie warten darauf, wieder berührt zu werden. Wie alle Primaten braucht auch der Mensch diese Berührung, sonst stirbt er. Das heißt aber nicht, wie Mediziner betonen, daß die Suche nach Nähe in Widerspruch steht zum ebenfalls notwendigen Rückzug und Alleinsein.

Wer weiß, daß er wieder berührt werden wird, wächst auch ohne Berührung in dieser Zuversicht weiter. Wenn die erste Minute Einsamkeit des Kindes zwischen Momenten der Zärtlichkeit liegt, wird es besser gerüstet sein, ein Leben ohne Bindung als Freiheit zu genießen. Wer in der ersten Minute Einsamkeit Schwäche statt Stärke, Angst statt Mut verspürt, wird immer etwas brauchen, das ihn davor schützt, sich nackt und verlassen zu fühlen. Folgt man der Amputationsthese des kanadischen Medientheoretikers Marshall McLuhan, dann ist jede Form von Kultur und Zivilisation nur eine Prothese für jenes Gegenüber, das der Einsame vermißt. Dann gibt es Arbeit, Hobbys, Familie, Religion – und zu oft auch Liebe – nur deshalb, weil Menschen sich vor der Einsamkeit verstecken.

Der Mensch ist ein soziales Tier, mehr noch als ein vernunftbegabtes. Pointierter formuliert: der Mensch wird um so irrationaler, je mehr er sich in die Beziehungsnetze seiner Umwelt verstrickt. Dem entgehen heißt, die Einsamkeit zu wählen.

Früher oder später gewöhnt sich jeder an eine Minute Einsamkeit. Doch spätestens nach sechzig Sekunden bekommen zwei Drittel aller Menschen Angst, daß dies der Anfang eines einsamen Lebens sein könnte. Daß auf die erste Minute die zweite folgen wird, dann die dritte und vierte, eine Stunde, ein Monat, ein Leben. Deswegen beginnen sie nach gut vierzig Sekunden zu lächeln, nach fünfzig Sekunden zu flirten: egal mit wem oder was. Das macht sie sehr verletzlich, aber auch sehr sozial. Im besten Fall werden sie grandiose Netzwerker. Im schlimmsten Fall Talkshowmoderatoren.

Sie dürsten ständig nach Liebe und Zuneigung. Immer haben sie das Gefühl, vernachlässigt zu werden. Sie lechzen nach Anerkennung wie Verdurstende nach einem Schluck Wasser. Sie bitten in einer Bar um Feuer und beginnen ungefragt, ihre Lebensgeschichte zu erzählen. Sie nehmen im Flugzeug neben einem Platz und machen einen Witz. Sie stellen sich im Büro vor und merken auch nach drei Minuten nicht, daß sie stören. Sie haben ein dickes Fell und halten sich für sensibel.

Die erste Minute Einsamkeit stelle ich mir gern wie ein zartes Schweigen vor: Man hört den Atem der Existenz und steht vor der Wahl, sich künftig für Störgeräusche oder aber für möglichst viel Ruhe und Konzentration zu entscheiden. »Einsamkeit«, so sinnierte – wohl ziemlich selbstzufrieden – der Kleinbürgerphilosoph Arthur Schopenhauer, »ist das Los aller hervorragenden Geister.« Dieser Keim der Hybris ist der gefährlichste Motor, der Einsamkeit antreibt; er führt direkt in den Größenwahn oder anderen Irrsinn. Diese Haltung ist ebenso weit verbreitet wie gefährlich, ebenso unoriginell wie verblasen. Auf der anderen Seite kann sie auch sehr charmant sein. Jeder Freundeskreis mit Anspruch hält sich einen selbstbewußten, unterhaltsamen Autisten.

Ein Freund, Mitte Vierzig, protestierte, als ich ihm sagte, daß ich Einsamkeit schön und wichtig finde. Allein sein ja, meinte er, einsam sein nein. Einsam wäre er nie, nur viel allein. Alleinsein sei etwas, das er sehr gut könne – zur Verzweiflung seiner besten Freunde. Seine letzte große Liebe brachte sich nach einer drogeninduzierten Psychose um, seither lebt er allein – nicht einsam, wie er immer wieder betont – zwischen den Hunderten von Menschen, die sich in Hamburg, Berlin, New York oder Paris stets im Rudel durch Vernissagen, Opernpremieren und Geburtstagsempfänge treiben lassen. Er ist einer der Helden dieser sogenannten Crowd. Er ist groß, schmal, gutaussehend, frech, liebenswert, charmant – und bis zum Umfallen indiskret. In einer perfekten Kombination. Hinzu kommt eine Stilhoheit, die jeden beeindruckt. Er war vielleicht noch keine Sekunde einsam, weil er nicht wollte, daß man es so nennt.

Einsam und alleine sind für ihn nicht Nuancen, sondern unterschiedliche Kategorien. Alleine ist man, wenn man sein Leben auf andere Menschen ausgerichtet verbringt, diese aber gerade nicht »zuhanden« sind, wie Heidegger es nennen würde. Einsam ist man, wenn man diese Ausrichtung auf andere eben nicht besitzt, weil sie einem genommen wurde oder man sie sich selbst genommen hat. Dabei macht es keinen Unterschied, ob man gerade mit oder ohne Menschen seine Zeit verbringt. Die niederländische Königin Juliane überschrieb ihre Memoiren mit »Einsam und doch nicht alleine.« John Cacioppo, Leiter des weltweit größten Studienprogrammes zur Erforschung von Einsamkeit in Chikago, erklärt, Einsamkeit spiegele wider, wie ein Mensch seine Situation empfindet, wie isoliert oder innerlich abgetrennt von der Welt er sich fühlt.

Alleine läßt sich ein Abend anders verbringen als einsam. Einsam sein heißt, man ist aus den Bindungen herausgefallen. Die unfreiwillig Einsamen sind aus ihrem sozialen Netz verstoßen worden. Sie leiden. Andere wollten dieses soziale Netz zerreißen, um frei zu sein. In dieser Freiheit kann sich Liebe ereignen. Denn der Einsame hofft darauf, von dem Menschen geliebt zu werden, der wie in Platons Symposion die andere Hälfte des Selbst ist, die es erst vollkommen macht.

Der Einsame weiß, daß er Liebe will: Wenn es soweit ist, wird er lieben können. Seine Aura ist die des Wartenden, der innehält, auch über Jahre, um ankommen zu sehen, was sein Herz begehrt. In der Sekunde, in der das künftige Glück sein Leben betritt, wird er es spüren; er wird lächeln und den letzten tiefen Atemzug in Freiheit genießen, um sich dann zu binden. Einsam ist, wer geliebt werden will. Oder ist das jetzt zu romantisch gedacht? Nein, dieses Pathos der Einsamkeit ist wichtig, weil es Sehnsüchte schafft und erhält.

Die Ichwerdung des Menschen beginnt nach Meinung vieler Psychologen in dem Augenblick, in dem sich der Säugling im Spiegel als Selbst erkennt. Vielleicht aber auch in jenem ersten Moment der Einsamkeit.

Einsam beim Essen

Wo kann man als Einsamer essen, ohne verstört angeguckt zu werden? Zu Hause natürlich, aber manchmal, nach Stunden der Konzentration am Schreibtisch, nach endlosen Fußmärschen durch eine fremde Stadt, nach einem erfolgreichen Geschäftstermin, einem Vormittag Skifahren oder Schwimmen, sehnt der Einsame sich danach, an einem öffentlichen Ort zu essen, an dem es okay ist, wenn man allein dasitzt. Am besten eignen sich McDonalds oder Burger King. Dort erwartet niemand, daß man zu zweit erscheint.

Das erste Mal allein essen gehen vergißt man nie. In der Familie hat man die Diskussionen oder das gemeinschaftliche Schweigen und Fernsehen als selbstverständlich genommen. Nun sitzt man vor einer Schachtel Pommes, einem Cheeseburger, einem Big Mac und ein paar Servietten und weiß nicht, welcher Gesichtsausdruck für so eine Situation vorgesehen ist. Man darf nicht traurig aussehen, oder wenn, dann interessant und tieftraurig. So, als sei das Schicksal der Welt mit dem eigenen aufs engste verbunden und als spüre man die Last von mindestens einer Generation auf den Schultern. So sitzt man mit Pickeln und Pathos im verkrampften Gesicht unruhig auf einem wackligen Barhocker und blickt hinaus – zum Beispiel auf den Stachus in München, den Broadway in New York oder die Breite Gasse in Nürnberg. Es ist ein Vorrecht der Jugend, sich beim Einsamsein ernst zu nehmen und dabei auf einem Fishmac zu kauen. Fastfood-Ketten haben sich auf das autistische Publikum eingestellt. Sie bieten jede Menge Einzelplätze: Bartresen, an denen sich die Einsamen aufreihen können wie Wellensittiche auf der Stange, enge Stehecken. Selbst in der McDonalds-Werbung taucht der einsame Esser auf. Stefan Raab zum Beispiel: er futtert, und man ahnt, wie er sich dabei unglaublich lustig vorkommt und an seinen neuen Witzen arbeitet. Bei McDonalds am Times Square in New York hat die Zukunft des Single-Dinners begonnen. Dort sitzt man in langen Reihen vor metallverkleideten Fernsehmonitoren, die die Einsamen zu willfährigen Opfern endloser Reklameschleifen machen.

Außer bei McDonalds, Wienerwald oder an Pommes-Buden bleibt Essen zwanghaft mit der Vorstellung verbunden, man müsse dabei Schwatzen, Socializen, mit Cliquen und Freunden abhängen. Eigentlich schämt man sich, wenn man alleine ein Restaurant betritt. Obwohl man es aus freien Stücken tut, fühlt man sich unwohl. Man fürchtet, die Kellner könnten einen verachten, weil man keine Begleitung gefunden hat. Niemanden, der diesen Genuß mit einem teilt. Bücher, Zeitungen oder eine vorgetäuschte Arbeitssituation (»Ich esse mal gerade ein paar Happen zwischendurch«) wirken wie durchsichtige

Ablenkungsmanöver. Restaurants sind Orte für Paare, Familien, Freunde, Gruppen. Einsame fallen hier auf wie Freaks. Sie werden schlecht und mißmutig bedient. Außer man hält sie für Restaurantkritiker – aber wer will schon wie einer aussehen?

Frauen, die allein ein Restaurant betreten, ignorieren sich meist gegenseitig. Aus Scham, vermutet eine 56jährige, die ihr Leben seit vierzehn Jahren einsam verbringt. »Man schaut ungern in einen Spiegel, nicht so.« Einsame Frauen sieht man im Restaurant noch seltener als einsame Männer: Nur in Flughafen-Restaurants trifft man sie oder im Speisewagen eines ICE. Auch weil sich unverschämte Männer allein essende Frauen zur leichten Beute für Konversation und mehr zurechtlügen. Vor solchen Typen fürchten sich viele Frauen logischerweise. Andere warten nur darauf, bei Putenschnitzelsalat und Apfelschorle endlich angesprochen zu werden. Aber exakt jene, die es sich so sehr wünschen, senden Signale aus, die Single-Männer und Jäger zurückscheuen lassen. Nichts ist furchterregender und anstrengender, so scheint es der Machismo nahezulegen, als nach Konversation und mehr mit ernstem Begehren festgenagelt zu werden.

Die Brüder der Einsamen sind die Armen: Zu später Stunde stehen die sozial Schwächsten neben den Einsamen in den Burgerhallen und schlürfen ihren Kaffee, um sich das Anrecht auf einen Gang zur Toilette zu erwerben. Ein Dinner der Verstoßenen. Wechselseitigen Respekts sind sie sich sicher: Beide bemitleiden sich, beide sehen sich vom Schicksal geprüft und ernst genommen.

Zu Hause entwickeln Einsame beim Essen seltsame Marotten. Sie schlingen und schmatzen, benutzen Finger und Hände, lecken und pulen, daß es keine Freude ist. Manchmal schämen sie sich. Einige flatulieren, andere stoßen auf. Der gemeine Einsame hält die Abwesenheit von Mitmenschen für einen Blankoscheck zur Selbstverwüstung. Je länger der Zustand schon andauert, um so schlimmer. Insbesondere alte Männer sind nach zwanzig Jahren Witwerdasein oft komplett verwildert. Viele Zivildienstleistende ringen um Fassung, wenn sie das erste Mal in ein graues, unrasiertes, mit wenigen Zahnstummeln ausgestattetes Gesicht blicken und merken, da weiß einer nicht mehr, wie es ist, mit anderen zu essen.

Gefestigte Menschen erkennt man daran, daß sie auch in Abwesenheit anderer Gabel und Messer benutzen. Sie nehmen den kategorischen Imperativ von Kant, einem manischen Eigenbrötler, ernst: Für den nämlich macht es in Sachen Moral und Manieren keinen Unterschied, ob das Handeln öffentlich oder nicht geschieht. Gute Manieren sind universal verbindlich. Der Narziß ißt alleine besonders gepflegt, weil er immerzu darauf aus ist, sich selbst zu betören. Er ißt für sich selbst als imaginäres Gegenüber und hofft auf den eigenen Beifall. Er tupft sich mit der Serviette die Krümel vom Mund, er führt vornehm die leicht geschlossene Faust zum Mund, wenn er aufstoßen muß.

Nicht wenige einsame Frauen prosten sich mit Rotwein zu. Sie sitzen still und leise und warten, daß die Tür aufgeht und ein Prinz ihr Leben betritt. Ihre Hoffnungen ernähren sie mehr als die Spaghetti mit Trüffeln oder der Château Lafitte 2003. Sie sitzen und warten, über Jahre und Jahrzehnte, sie hören ihre innere Uhr ticken und hassen sich dafür, allein dazusitzen. Und gleichzeitig können sie nicht anders. Nervt sie jeder, der es mit ihnen versucht. Ist ihnen nicht interessant, schlau, muskulös, sexy, reich genug. Oder alles zusammen. Ihre Erlösungsphantasien werden mit zunehmendem Alter absurder. Mit Argwohn beobachten sie ihre Freundinnen, die Mitte Dreißig noch einmal den Absprung wagen; sich zwingen, sich zu verlieben, und dann ein Kind mit einem Typen bekommen, der nur vage dem entspricht, was sie sich immer vorgestellt haben. Die Sehnsucht nach einem Kind war größer als jene Sehnsüchte, die die Werbekampagnen schwuler Art-Direktoren in ihnen geweckt haben. In den allabendlichen Bar- oder Caférunden sitzen sich dann zunehmend zwei Lager gegenüber: die noch nicht Erlösten und jene, die ihre Vorstellung von Erlösung aufgegeben haben, um in konventionellen familiären Bezügen zufrieden zu werden.

Nach so einem Abend hat die einsame Frau zwei Möglichkeiten: bitterlich zu weinen oder aber zu jubeln. Es weinen die, deren Verzweiflung jeden Mann abschreckt. Die anderen, die ihre Freiheit als nicht-banales Glück feiern, haben ironischerweise allergrößte Chancen auf Erlösung. Wenn alleinstehende Männer spüren, daß da jemand glücklich mit sich selber ist, wollen sie das konsumieren. Die unglückliche Einsame plündert am Abend den Joghurtvorrat im Kühlschrank. Sie macht den Fernseher an und ißt noch ein Müsli. Sie kneift sich in die Hüften und ihre Tränen werden größer.

Gut, das ist ein Klischee. Das andere ist die coole, selbstbewußte Frau, die mit sich Freundschaft geschlossen hat, so wie es der Philosoph der Lebenskunst, Wilhelm Schmid, in seinem Buch »Mit sich selbst befreundet sein« empfiehlt. Jene Frau also, die sich aus Beziehungszwängen befreit hat und das immer noch genießt. Die sich nach Jahren des Zusammenlebens selbst finden will und findet. Dabei eine Geborgenheit spürt, die ihr in der Beziehung mit einem Vollidioten gänzlich verlorengegangen war. Mein Beispiel: eine 45jährige Ärztin, sportlich, schlau, gut gelaunt. Verliebte sich in einen Kollegen mit Kindern, war Mutter einer Patchworkfamilie, bis sie spürte, daß sich da drei hungrige Mäuler eine Versorgungsmaschine gesucht hatten. Nach zwei Jahren voller Selbstzweifel zog sie aus. Heute ist sie im Beruf erfolgreicher denn je, zieht sich wieder elegant an und zaubert sich gerne nach Feierabend ein Vier-Gänge-Menü. An anderen Tagen genügt eine Dose Ravioli.

In Frauenzeitschriften werden Frauen vorgestellt, die sich gerne alleine verwöhnen. Daß Frauen keine Männer mehr brauchen, weil Dildos und Vibratoren ihren Job möglicherweise sogar hartnäckiger erledigen, wird in »Cosmopolitan« ebensogern verbreitet wie in postfeministischer Literatur. Und beim Essen geht die Selbstbefriedigung weiter. Warum nicht mal zum Frühstück Eier mit Kaviar garnieren, und dazu Blinis? Ein Gläschen Champagner? Warum nicht? Sich selbst verwöhnen, sich mal was gönnen. Sich jene Liebe schenken, die einem die Umwelt versagt. Diese Logik gibt dem Luxus eine traurige Note. So sitzen Frauen jeden Alters, von 22 bis 52, an ihren säuberlich aufgeräumten Küchentischen, strahlen für sich selbst, haben eine Kerze angezündet, es ist Sonntagmorgen oder Dienstagabend, sie essen ein Häppchen Kaviar und prosten sich mit Champagner zu. Es schmeckt. Aber sobald aufgegessen ist, schmeckt alles bitter.

Am verräterischsten erscheint jene Reklame für das Katzenfutter Sheba, in der eine bildhübsche einsame Frau ihrem tierischen Pendant, einer schönen, schwarzen Katze, das sündhaft teure Abendessen liebevoll mit Petersilie garniert auf einem weißen Porzellanteller serviert. Die Katze bedankt sich mit einem zärtlichen Nasenstüber. Da verwöhnen sich zwei Einsame.

In den Supermärkten und Lebensmittelabteilungen großer Warenhäuser wächst das Angebot an Single-Menüs Jahr um Jahr. Besonders gegen 19 Uhr drängeln sich herausgeputzte Singles nach dem Tag im Büro, der Kanzlei, der Agentur vor den Kühltruhen mit den Fertiggerichten oder den Regalen mit der vermeintlich gesunden Bio-Kost. Wenn sie schon alleine sind, wollen es sich die meisten Singles wenigstens gutgehen lassen, und mitunter wird die Käsetheke oder das Weinregal auch zur vielversprechenden Flirtbühne, auf der sich zu Stoßzeiten die berufstätigen Einsamen versammeln, allesamt im sexuell aktiven Alter. Im Berliner KaDeWe, der üppigsten Lebensmittelabteilung Deutschlands, darf man sich sogar über wohlsituierte Damen an Obst- und Gemüseständen amüsieren, die allzu frivol mit phallischen Früchten umgehen.

Männer sind deutlich weniger wählerisch, wenn es um den Einkauf von Lebensmitteln geht. Britische Forscher fanden heraus, daß insbesondere alleinstehende Männer sehr ungesund leben, weil ihre Eßgewohnheiten degenerieren. In dem Bericht mit dem schönen Namen »Single Market« heißt es, diese Männer äßen unregelmäßig und schlecht. Die Single-Industrie versucht dieser Klientel zu überteuerten Preisen – als müsse Einsamkeit versteuert werden – gesunde kleine Mahlzeiten anzubieten. Doch gerade die Holzfällersteak- und Hackbraten-Fraktion möchte an der Kasse nur ungern mit »Hühnchenbrust an Brokkoli« gesehen werden. Sie hält sich lieber an deftige Leckereien aus der Metzgerei. Auch hier werden fleischliche Gelüste kulinarisch ausgelebt.

Die Nahrungsaufnahme war Mittelpunkt des Familienlebens seit die Clans sich abends ums Lagerfeuer sammelten. Fast archaisch muten die Tischsitten vieler Familien an. Das gemeinsame Essen ist Rahmen für Standpauken, Abrechnungen, sinnlose Diskussionen, Indiskretionen, Verhöre, Wutausbrüche, endloses Gerede. Deshalb ist das erste Essen außerhalb dieser Tischrunde befreiend und schön. Je enger der Familienzusammenhalt, um so freudiger das Verlassen jenes Kreises, die Entdeckung, wie befriedigend das Essen alleine sein kann. Die Sheba-Frau hat ihr Leben in dem Flachdachbungalow mit der süßen, tennisspielenden Mutter und dem braungebrannten Vater hinter sich gelassen, um jetzt erst einmal mit ihrer Katze zu leben. Ob sie das glücklich macht, weiß man nicht so recht. Der Katze schmeckt es.

Den Einsamen erkennt man an den Flecken, die sein Ledersofa zieren – dort, wo er beim Fernsehen ißt. Petra Gerster oder Will Smith sind seine Dinnergäste. In der Werbepause holt er sich den Nachtisch. Er hat ganz vergessen, daß der Anblick eines jungen Mannes, der in einem großen Wohnzimmer vor einem riesigen Fernsehmonitor sitzt, etwas Deprimierendes hat. Junge Frauen laden sich zum Essen Freundinnen ein. Alleine essen sie so gut wie nichts. Bei alten Menschen ist es ebenso. Irgendwann wollen sie von der Nahrungsaufnahme nichts mehr wissen. Fährt ein Zivildienstleistender mit ihnen zum Supermarkt, genügt ein halber Einkaufswagen mit Dosensuppen, Vollkornbrot und Schmierkäse für eine ganze Woche. Wenn der Zivi vorschlägt, Eis zu kaufen, lächelt die alte Frau freundlich und schüttelt bestimmt den knöchernen Kopf. Sie will sich nichts mehr gönnen. Das Leben ist vorbei.

Bei anderen ist das Leben vorbei, obwohl sie sich erst in der Mitte befinden. Der Misanthrop, der in der Einsamkeit zwar nicht aufgehört hat, zu hoffen und zu träumen, der aber nicht mehr an die Realität dieser Träume glaubt, fasziniert insbesondere Hollywood-Produzenten. Jack Nicholson spielt in »Besser geht's nicht« den Schriftsteller Melvin Udall, der, von Zwangsneurosen gepeinigt, sein

Leben wie ein endloses Ritual ohne Leidenschaften bestreitet. Punkt elf Uhr betritt er sein Stammcafé, setzt sich auf seinen Stammplatz und läßt sich von seiner Stammbedienung Carol, gespielt von Helen Hunt, das immer gleiche Frühstück servieren: Eier, Würstchen und Bacon. Es ist genau jener Moment der Nahrungsaufnahme, der sein Leben verändern wird. Ein Leben, das er in einem stählernen Kokon aus Haß, Spott und Zynismus menschenleer und anämisch hat werden lassen. Seinen zarten Kern (eine Vorstellung, die alle Welt von Einzelgängern hat) lebt er in den Dutzenden von Liebesromanen aus, die er mit großem Erfolg schreibt. In jenem Café also begegnet er Carol – die sein Leben gerade deshalb verändern wird, weil sie nicht einsam ist. Carol hat einen schwerkranken Sohn. Auf bizarr defätistische Weise nimmt Melvin Anteil am Leid der jungen Frau, um ihr und dem Sohn schließlich zu helfen und ein besserer Mensch zu werden, sowie sich am Ende in Carol zu verlieben. Der Weg dorthin ist lang, aber dieser eine Moment, in dem Melvin Udall seinen Autistenpalast in Manhattan verläßt, um essen zu gehen, öffnet ihm die Tür zu einer anderen Welt.

Noch gängiger das Klischee, daß Einsame weniger essen als trinken. Der einsame Alkoholiker ist die traurigste Figur. Sucht gilt als der sicherste Weg, das Interesse an der Welt zu verlieren, um sich ganz Drogen, Alkohol, Arbeit oder Sex hinzugeben. Doch Junkies nehmen ihre Drogen nicht zwangsweise alleine. Ebensohäufig drücken, trinken, rauchen, schnupfen, schlucken sie die Substanzen gemeinsam mit anderen. Sie sind dann eine Heerschar autistischer Geisterfahrer, die sich beim Rasen Gesellschaft leisten. Sie tun so, als wäre das Aneinanderlehnen im Rausch Gemeinsamkeit.

Und was macht der souveräne Einsame? Er achtet auf seine Ernährung, ißt abwechslungsreich und gesund. Nachdem er mit jedem Jahr Einsamkeit das Essen ein wenig liebloser und schneller in sich hineinschlang, hat er sich an das bewußte Genießen zurückerinnert. Er nutzt die Vorteile seiner Situation: Er kann in aller Ruhe essen, dazu etwas in der Zeitung lesen und ganz seinem Appetit und seinen Vorlieben folgen. Er liebt seinen kompromißlosen Kühlschrank, in dem sich nichts befindet, was er nicht wirklich gerne mag. Kühlschrank und Speisekammer sind so eine ständig aktualisierte Best-Of-Kompilation von Leibgerichten.

Neurotische Einsame erkennt man an der Leere oder Monokultur in ihren Kühlschränken. Meine beste Freundin Julia, eine blonde Norddeutsche, hat mir verraten, daß sie beim ersten Date in der Wohnung eines neuen Kandidaten immer unter einem Vorwand in den Kühlschrank schaut. Der eine Blick sagt ihr, wie ernst die Affäre werden kann. Männer mit leeren Kühlschränken sind zu achtzig Prozent hoffnungslose Fälle. Ihre Lieblosigkeit sich selbst gegenüber hat etwas Resigniertes. Auf der anderen Seite sind Gemüsefächer, in denen sich Avocados und Basilikum, Frühlingszwiebeln und Zucchini stapeln, ebenfalls suspekt. Zuviel Savoir-vivre im Kühlschrank wirkt narzißtisch, haltlos und tendenziell immer ein wenig schwul, meint Julia. Am liebsten ist ihr ein Hetero-Minimalismus, der von gutem Low-Fat-Joghurt über Parmaschinken zu frischer Milch reicht. Den besten Sex ihres Lebens, gesteht sie, hatte sie allerdings mit einem Veganer. Dessen Kühlschrank sah trostlos aus; das freudigste Detail war eine Rotweinflasche, die er mit einem Fuck-Bush-Aufkleber versehen hatte. Der Typ verliebte sich sofort in Julia, doch sie nicht in ihn. Sie wollte seinen Hippiekram ebensowenig hören wie seine Ernährungsesoterik, sie wollte in die vom Free-Climbing gestählten Muskeln kneifen und beißen. Sie knabberte sich an dem drahtigen Fahrradmonteur satt.

Dank Julia achte ich immer darauf, daß der Kühlschrank ordentlich und appetitlich gefüllt ist. Ich habe sie dann noch gefragt, ob ihre Freundinnen eine ebenso ausgearbeitete Kühlschrank-Single-Theorie besitzen. Julia hat gelacht.

»Eigentlich alle. Die meisten gehen samstags zum Show-Kaufen. Da werden Details erworben, die einem Mann beim ersten Abend gute Laune machen sollen.«

»Und, wie stellt ihr euch das vor?«

»Beck's und Mini-Salamis.«

Ich schüttelte den Kopf: »Das ist nicht dein Ernst.«

»Halte einfach die Augen offen.«

Fünf Minuten Einsamkeit

Sie wartet. Gestern haben sie sich geküßt. Er war schon seit längerem eine Art Traummann für sie. Einer, mit dem sie es gerne versuchen würde. Vor Jahren hat er sie in einem Club angelächelt. Später an der Bar gab er ihr die Getränke aus, unverbindlich alberten sie. Sie wußte, daß er Controller war und auf Partys immer der Salonlöwe. Aber die Art, wie er mit den Frauen scherzte und ihre Offenherzigkeit diffamierte, war von einer Schärfe und Präzision, die so unbarmherzig wie unkontrolliert schien. Darüber hinaus hatte er den Ruf, ein Schürzenjäger und heilloser Romantiker zu sein.

Sie hatte sich schon beim ersten Blickkontakt ein wenig in ihn verliebt. Nur einen Hauch, so, daß es kaum zu spüren war. Aber sie freute sich immer, wenn sie ihn sah. Ihre Hände wurden feucht, sie atmete – kaum merkbar – ein wenig schneller. Lachte, wenn er in ihre Richtung einen Witz machte. Ihr erstes Rendezvous war ein kompletter Reinfall. Sie hatte keine Lust, er keinen Ehrgeiz zum Erobern. Das war nichts, und wenige Wochen später hatte der monomanische Einzelgänger plötzlich eine Freundin, seine Traumfrau: eine gefeierte persische Architektin mit einem Dekolleté wie Heidi Klum, ein wandelndes Vogue-Cover. Für den Jungen aus einer kleinen Stadt in Nordhessen ein Volltreffer. Die beiden waren zwei Jahren glücklich, dann brach alles auseinander. Und sie sah ihn wieder.

Er war milder, reifer und offener geworden. Zarter. Wenn sie sich sahen, machte sie kein Hehl daraus, daß sie ihn gerne näher kennenlernen wollte. Sie war nett zu ihm und er flirtete mit ihr, wie er mit allen Frauen flirtete. Er wollte aufholen, was er während seiner Beziehung versäumt hatte. Nur: keine Architektinnen mehr.

Sie ist jetzt beim Film und produziert ihre erste Komödie. Gestern war er so süß und hat sie in sein Haus eingeladen. Sie tranken, aßen ein halbes Hähnchen, guckten zusammen eine DVD. Irgendwann brachte er sie zu ihrem Auto, öffnete die Tür, sie stieg kurz ein, blickte ihn durch die Windschutzscheibe des angerosteten Opel Corsa an und stieg wieder aus. Sie fiel ihm um den Hals. Scheu, fast keusch. Sie war fahl geworden, ihre Schönheit maskenhaft. Ihr fehlte Liebe und wohl auch Sex. Er konnte das sehen und mochte es. Sie war keine Schlampe. Sie sehnte sich nach Nähe.

Er schloß sie fest in die Arme und flüsterte ihr etwas ins Ohr. Sie mußte lachen. Da blieb sein Mund an ihrer Haut, sie hörte ihn atmen. In einer ruhigen Bewegung führte er die Lippen noch vorne, an ihrem Mund. Er saß auf der Kühlerhaube, sein Arm umfaßte zart ihre durchtrainierte Taille. Er küßte sie auf den Mund, dann sie ihn. Es waren fast unschuldige Küsse, und das, obwohl sie gemeinsam fast siebzig sind. Es war schön. Schön für beide. Sie fuhr weg – und hatte auf einmal eine neue Angst, einsam zu sein. Sie war verloren, das wußte sie. Jetzt drohte ihr Einsamkeit, weil diese Liebe in ihr womöglich stärker wurde. Und weil er, der Richtige, der sie gerade noch geküßt hatte, nur verliebt schien in das Gefühl, verliebt zu sein. Sie schob eine CD in das Autoradio. Pet Shop Boys, »Domino Dancing«. Das konnte sie jetzt nicht hören. Die CD flog auf die Rückbank. Sie wählte Rachmaninow, Klavierkonzerte, gespielt von Arthur Rubinstein. Und dazu seufzte das wunderhübsche Mädchen, nein, die wunderhübsche gestandene Frau markerschütternd.

Am nächsten Tag ruft sie an, unter einem Vorwand. Sie will nicht mehr warten. Warum auch? Sie ruft an und er ist nett und höflich, unverbindlich. Er hat zu tun.

Wann sehe ich dich wieder?

Ich ruf dich zurück.

Die fünf Minuten vor dem Anruf sind scheußlich. Sie hat das Gefühl, eine verbitterte mittelalte Frau zu werden, wenn sie jetzt nicht den Richtigen findet und für sich gewinnt. Sie hat Angst, zurückgewiesen zu werden. Sie weiß, daß sie im Moment zu schwach ist, diesen Schmerz zu ertragen. Sie legt sich aufs Bett, ihre Stilettos hat sie abgeschüttelt. Sie schließt die Augen und reibt die Kuppen von Daumen Zeigefinger aneinander. Sie ist müde. Sie wird mit ihm schlafen können, aber er wird sie nie lieben. Sie will nicht mit ihm schlafen.

Sie hat Angst, daß er sie enttäuscht. Bisher ist sie es gewesen, die andere abwies, nun hat sie Angst, abgewiesen zu werden. Zuletzt geschah das vor sieben Jahren, und da tat es nicht weh. Was, wenn es jetzt weh täte? Stürzte ihre Würde ein oder trüge sie fortan in der Partie um ihre

Mundwinkel einen Hauch Verbitterung zur Schau? Sie will nicht leiden.

Wissenschaftler der Bowling Green State University in Ohio haben herausgefunden, daß der Schmerz, den ein Mensch erfährt, wenn er abgelehnt wird, dem einer physischen Verletzung entspricht. In dem Experiment wurden die Versuchspersonen in einem Computerspiel abgesnobbt und gemobbt. Dabei wurde ihr Gehirn gescannt: Es war in jenem Bereich aktiv, der physische Schmerzen verarbeitet. Trauer und intensive Einsamkeit werden diesem Versuch zufolge ähnlich registriert wie körperlicher Schmerz: Einsamkeit und ein blaues Auge über dieselben neurologischen Datenkanäle verarbeitet.

Abgewiesen zu werden ist ein Schock: Die ersten fünf Minuten danach pulst der Schmerz durch alle Nervenbahnen. Sensible Kreaturen wollen sich der Gefahr einer erneuten Verletzung nicht schutzlos ausliefern. Sie verkriechen sich wie ein verletztes Tier. Sie verpanzern sich in der Einsamkeit.

Gutgelaunte Menschen landen nach der Verletzung wieder auf dem Boden der Tatsachen und schütteln sich benommen. Nach wenigen Minuten sind sie wieder einsatzfähig.

Fünf Minuten Einsamkeit sind die Hölle, wenn die Wartende weiß, nach diesen fünf Minuten wird er die Lust an ihr verlieren. Sie ahnt, daß den überzeugten Einsamen nichts mehr zu ihr führt. Er verneigt sich innerlich vor ihr und wartet auf die nächste Einsamkeit, die gerahmt wird von Begegnungen mit anderen Frauen. Einsame Frauen dosieren sparsamer – auch wenn die Männer bei ihnen Schlange stehen. Tina, genannt Tüüna, war eine jener wundervollen Frauen, die Einsamkeit gut ertragen: voller Stolz und Gleichmut, stets wissend, daß ein Dutzend sogenannter »guter Partien« nur darauf wartete, ihr Ja-Wort zu erhalten. Deshalb blieb Tüüna gerne für sich. Sie verstand sich als Romantikerin und die Männer, die sie nicht liebte, aber mit denen sie dennoch schlief, als Streckenposten auf dem Weg zum Glück. Sie waren dazu da, um Tüüna durchzuwinken. Wenn sie am nächsten Tag Blumen schickten, freute sich Tüüna, blieb aber in ihrer Reaktion so verhalten und kühl, daß auch die Mutigsten nach einer Weile aufgaben.

Tüüna fühlte sich gut. Alle zwei Wochen ging sie zum Friseur. Sie wußte, daß ihre Erscheinung Teil des Erfolgsgeheimnisses war. Rolf, der Friseur, liebte Tüüna und ihr dunkles, gelocktes Haar. Er nannte sie liebevoll »Zigeunerin« und ließ alle anderen Kunden stehen, wenn sie den Salon betrat. Kurz vor Weihnachten war Rolf auf einem Strähnchen-Kongreß. Tüüna war leicht verwirrt, als sie ein junger, noch etwas unbeholfen wirkender Mann zu den Waschbecken führte. Wegen seines Ganges und der bizarren Ringarmada an beiden Händen mutmaßte Tüüna, daß er schwul war. Ganz vorsichtig spülte er Tüüna das Haar, wusch Locke um Locke und streichelte dabei ihre Kopfhaut. Er tat dies mit soviel Zartheit und Hingabe, daß Tüüna friedlich die Augen schloß. Mit einem Mal fühlte sie sich einsam. Ihr wurde klar, daß sie trotz der Affären und One-Night-Stands seit Wochen, Monaten, vielleicht sogar seit mehr als einem Jahr niemand mehr zärtlich berührt hatte.

Tüüna schmunzelte und war traurig zugleich. Ein Friseurlehrling hatte sie über ihr Leben belehrt. Nach der fünfminütigen Wäsche war sie entschlossen, wieder einen Freund zu haben.

Da unsozial zu sein generell unter dem Verdacht einer Verfehlung steht, müssen Einsame sich über ihre Zeit mehr Rechenschaft ablegen als der gemeinhin soziale Mensch. Das führt zu einer bemerkenswerten Aversion gegen Zeitverschwendung. Der starke, oder sollen wir wieder sagen: souveräne Einsame teilt seine Zeit genau ein. Will, der Held aus Nick Hornbys Roman »About a Boy«, der mit Hugh Grant verfilmt wurde, gliedert seinen Tag in Einheiten von rund dreißig Minuten. So dosiert der hedonistische Einzelgänger ruhigen Genuß und Abwechslung, um im Laufe seines Tages ohne Gegenüber die perfekte Harmonie zu erreichen.

Ein Bad dauert vom Einlaufen des Wassers bis zum wohligen in das Handtuch Schmiegen relativ genau eine halbe Stunde, oder, wie Will sagt: eine Einheit. CDs und DVDs kaufen: ebenfalls eine Einheit. Auf erotischen Homepages surfen: zwei Einheiten.

Wer anfängt, die Einsamkeit zu umarmen und zu akzeptieren, kann mit kleinen Fünf-Minuten-Einheiten beginnen. Bewußt für sich sein. Damit wäre ein Anfang gemacht.

Einsame Menschen hat es immer gegeben. Doch die Einsamkeit unserer Zeit, so stand es in »Psychologie Heute«, hat eine besondere Qualität. In vielen Fällen trieben unbegründete Selbstzweifel die Menschen in die Isolation. Wer sich ständig an Idealbildern orientiere, denen er nicht gerecht werden kann, ziehe sich oft aus Selbstschutz zurück.

Diese Rückzugsgebiete können aber auch Trainingsstätten sein: der Platz für Rituale, die einem dem Ideal näherbringen. Schlafen, um die Haut zu glätten, lesen und studieren. Nichts ist falsch an Idealen.

Aber wir waren bei der schönen Frau, die sich seit fünf Minuten einsam fühlt. Weil sie der ganz großen Liebe nahe scheint. Dem Mann, mit dem sie drei Kinder haben möchte. Sie wartet auf seinen Rückruf. Und sie ahnt, daß er nicht kommen wird.

Die ersten fünf Minuten Einsamkeit können der Beginn eines wunderbaren Lebens sein oder der erste Vorhof zur Hölle. Bitte treten Sie ein. Und falls Sie nicht wollen: »Psychologie heute« stellt die Therapie Marburger Psychologen vor. Die Behandlung vollzieht sich in drei Schritten:

1. die Hinwendung zur Einsamkeit. Einsamkeitsgefühle werden »in ihrem Bedeutungsreichtum und ihrer Vielfalt bewußt gemacht«. Die bisherigen Bewältigungsversuche werden reflektiert.
2. die Beziehung zur eigenen Person. Man lernt, angenehm allein zu sein. Man verabredet sich mit sich selbst.

3. die Beziehung zu anderen. Neue Kontakte werden aufgenommen. Soziale Beziehungen werden gepflegt. Kompromisse lernen, auf andere zugehen usw.

Dann sind Sie geheilt. Wenn Sie das wirklich wollen.

Einsam im Auto

Alleine im Auto durch die Nacht zu fahren ist eine schöne Einstiegsdroge für denjenigen, der lernen will, glücklich einsam zu sein. Je schöner das Auto, um so lieblicher kann ein einsamer Abend hinter dem Steuerrad sein. Röhrt der Motor und kitzelt die Beschleunigung, kann der kleine Junge im Mann einen Winterabend in einer Traumwelt verbringen. Er ist der Draufgänger und Abenteurer, sein Leben eine große Carrerabahn. Er kann mutig bei Gelb um die Ecke biegen und auf der Autobahn keck von Null auf Hundert beschleunigen.

Der einsame Mann am Steuer ist ein Klischee. Unzählige sogenannte Roadmovies haben es abgebildet, reproduziert und genährt. Die Autowerbung tut dies immer noch. Frauen hinter dem Steuer sind weniger von der Physis des Automobils fasziniert (obwohl sie stündlich aufholen und echte PS-Machos werden) als vom Klang einer CD oder dem Rascheln eines Mixtapes, das ihnen ein Ex als Zeichen seiner großen Liebe schenkte.

Anders als in der eigenen Wohnung ist das Erinnern in einem rollenden Auto eine offene Angelegenheit. Vorbeirauschende Straßen, Plätze und Felder lüften den Kompost vergangener Gefühle durch. Der Muff alter Beziehungen entflieht durch ein geöffnetes Schiebedach.

Im Auto bewegt sich der Einsame durch die Welt und bleibt doch ganz bei sich. Verkehrswissenschaftler haben herausgefunden, daß viele Menschen ihr Auto zur Therapie benutzen. Sie steigen bei Problemen, Angst oder Unsicherheit einfach in ihren PKW und fahren los. Die Dinge geraten in Bewegung, und allein das entspannt scheinbar schon. Tendenziell kann jedes Auto mit mehr als 200 PS einen Therapeuten ersetzen – außer japanische Sportwagen vielleicht. Aber das ist ein anderes Thema.

Während von Sozialstreß Geplagte gerne in die Natur, in die Berge, aufs Land oder ans Meer fahren, um in der Stille die eigene Stimme und den eigenen Kompaß wiederzufinden, flüchten die Einsamen aus ihrer Einsamkeit in die Stadt. Am liebsten dorthin, wo andere Menschen garantiert sind. Sie setzen sich ins Auto und rollen durch die Straßen. Vorbei an händchenhaltenden Pärchen, an Familien beim Schaufensterbummel, an anderen Einsamen, die ziellos, aber entschieden über die Gehwege hetzen. Der Einsame blickt auf das Treiben und fühlt sich in seinem Auto als Teil jener Masse und doch aufs angenehmste von ihr entrückt.

Einzelgänger sind für kluge, schöne Frauen jene Männer, die nach einem harten Tag weder ins Fitness-Studio noch zu ihren Skatbrüdern gehen, sondern mit dem Radio an durch die nächtlich erleuchtete Stadt cruisen. Die teilnahmslose Anteilnahme am städtischen Leben: das Dabeisein, ohne anwesend zu sein, die fortlaufend hinausgezögerte Nicht-Ankunft bei anderen – das ist das Wesen jenes Irren und Fliehens. An einem fremden Ort einsam zu sein verstört weniger, als in den eigenen vier Wänden alleine zu sein. Die Fenster des Automobils sind die Monitore zur Außenwelt. Der Pilot inszeniert diese Welt, ist Kameramann, Regisseur und zugleich Publikum. Die Autoindustrie hat sich auf seine Erfordernisse eingestellt. Die Ingenieure gehen davon aus, daß meist nur eine Person im Auto sitzt, und die muß mit allem Komfort, mit Informationsmöglichkeiten und Entertainmenttechnik ausgestattet werden. Der Einsame wird mit Konzertsaalatmosphäre verwöhnt. Die Stereoanlagen nutzen die akustischen Resonanzräume. Violin- und Klavierkonzerte sind dabei die anrührendste akustische Behandlung eines melancholischen Herzens.

Die Außenwelt wird zur Seelenlandschaft umfunktioniert. Im Bewußtsein des Piloten verzahnen sich seine Empfindungen – überhöht durch die Musik – und die visuelle Wahrnehmung der Welt als etwas Fremdes. Alles wird Teil des Filmes, den der Einsame fährt.

Einsamkeit im Automobil ist längst Normalität geworden. Auf den fünfspurigen Highways von Los Angeles gibt es eine eigene Spur für Autos, in denen mehr als eine Person sitzt. Doch auch bei großen Staus bleibt sie oft fast leer. Diese »Car Pool Lane« ist ein Mahnmal für die Einsamkeit des Pendlers und Großstadtmenschen. Besonders Schlaue haben versucht, sich Puppen auf den Beifahrersitz zu schnallen, um bei Kontrollen der Highway Patrol nicht als Car-Pool-Schummler entlarvt zu werden. Dieselben Puppen setzen sich auch viele Frauen ins Auto, aus Angst, nachts Opfer von Carnappern oder Vergewaltigern zu werden.

Mario, 52, pendelt seit knapp drei Jahrzehnten. Als Versicherungsagent fand er die Zeit im Auto, zumeist in muskulösen BMWs, angenehm. Besonders, als er zuerst Ehemann wurde, dann Vater, wieder Vater und schließlich unglücklicher Ehemann. Sobald die Fahrertür seines Fünfer-BMWs zuklappte, atmete er auf. Vielleicht war das Auto auch schuld an der Scheidung. Die allmorgendliche Trennung am Carport fiel nie schwer. Sein Wohlbefinden stieg, während er langsam den gepflasterten Weg zum Tor hinunterrollte. Wenn das bescheidene Fertighaus mit den dunkelblauen Dachziegeln aus seinem Rückspiegel verschwand, atmete er auf. Nicht, daß er seine Familie nicht liebte. Aber tief in ihm drin lauerte eine Sehnsucht, alleine zu sein. Seine Frau Ulrike war wunderbar, er war ihr treu, die Kinder waren lustig und anhänglich, aber dennoch hatte er jeden Abend das Gefühl, auf das Set eines Actionfilms gestoßen zu werden, in dem er nichts verloren hatte. Bei 128 Quadratmetern Wohnfläche gab es keinen Platz für ein Herrenzimmer, und der Hobbyraum im Keller war ihm zu düster und zu kalt. So setzte er sich aufs Sofa und ließ das Geschnatter der Frau, das Toben der Kinder und die Bilderflut aus dem Fernsehen über sich ergehen.

Nachts lag er im Bett und träumte – seltsam für ihn, geradezu absurd – von stillen Blumenwiesen. Wie er dort –

noch seltsamer, absurder – reglos im Gras lag. Schmetterlinge beobachtete und die zarten Wolkenfetzen, die am blauen Firmament vorüberzogen. Stundenlang konnte er diesen Träumen nachhängen. Seine Frau wurde mißtrauisch. Sie spürte Marios zunehmende Distanz zum Familienleben. Dahinter mußte eine andere Frau stecken, vermutete sie. Ein Träumer war Mario immer gewesen, erinnerte sie sich, in einer Clique von Angebern – das fand sie süß an ihm. Aber nach und nach wurde aus den Träumereien eine aggressive Form der Entsolidarisierung. Mario kippte aus der Wirklichkeit seiner Familie. Das Sexleben verschwand. Die Kinder interessierten sich nicht mehr für ihren Vater, und irgendwann hatte Ulrike einen Liebhaber, einen jüngeren sogar. Mario ahnte die Katastrophe, aber er schwieg.

Jeden Morgen freute er sich auf den Moment, wenn er allein auf den Veloursitzen Platz nahm. Die ersten zehn Minuten genoß er die Stille. Dann schaltete er das Radio ein. Als sein erstes Diensthandy in den Schweigeminuten klingelte, erschrak er. Es war der Chef. Danach gewöhnte Mario sich an, das Mobiltelefon in diesen für ihn so wichtigen Minuten ausgeschaltet zu lassen. Die Minuten der Stille waren sein morgendliches Ritual. Auch an den Wochenenden versuchte er, es zu retten. Samstags holte er gerne Brötchen, sonntags die Zeitung mit den Bundesligaergebnissen – und obwohl es die ums Eck gab, fuhr er gerne eine Ortschaft weiter.

Seit vier Jahren ist Mario geschieden. Es war kein großer Schock. Ulrike und er verhielten sich anständig. Schnell fand man einen Kompromiß. Ulrike und die Söhne behielten das Haus, Mario suchte sich eine kleine Wohnung im Nachbarort. Zwanzig Monate später heiratete Ulrike ihre Affäre. Die Kinder nahmen es hin. Mario verbrachte Wochen in seiner abgedunkelten Wohnung. Verwandte und Kollegen hielten ihn für depressiv: Keiner konnte ahnen, daß für ihn nun eine sehnsüchtig herbeigewünschte Erholung begann. Er kaufte zunächst keinen Fernseher und lag nur so da, erinnerte sich. Ihm war, als könne er erst jetzt anfangen, über seine Ehe und die Kinder nachzudenken, sie auf den Begriff zu bringen und zu verstehen. Das war ihm erst in der Ruhe und Stille der Abgeschiedenheit möglich. Nach vier Wochen wurde ihm langsam klar, was er verloren, und wenig später, was er gewonnen hatte.

Sein Leben lang ist er eher ein Einzelgänger gewesen. Jetzt, mit Ende Vierzig, ist er es wieder. Die Eltern verstorben, die Ex-Frau glücklich neu verheiratet, die Kinder emotionslos gegenüber ihrem Erzeuger. Ihm fällt jetzt auf, daß er keine Freunde hat und ihm keiner der Kollegen nahesteht. Er ist ohne einen anderen Menschen.

Manchmal setzt er sich abends in den BMW und fährt in die nächste größere Stadt. Im Schrittempo fährt er durch verkehrsberuhigte Wohngegenden und schaut neugierig in die erleuchteten Fenster. Er will sehen, was ihm nun versagt ist. Das Leben anderer Menschen, die Intimität von Enge und Nähe. An Wochenenden nimmt er im Auto für ein, zwei Stunden am Leben der Außenwelt teil, um sich dann wieder zufrieden nach Stille zu sehnen. Nur einmal stieg er aus, um sich beim Händler ein Porsche Carrera Coupé anzusehen. Seitdem stellt er sich manchmal vor, wie es wäre, mit einem solchen Auto an irgendeinem Feierabend in den Süden aufzubrechen. Er glaubt sich diese Sehnsucht selber nicht. Wenn er nicht schlafen kann, sitzt er vor dem Computer und surft auf mobile.de. Er beobachtet, wie sich die Preise für Porsches entwikkeln. Nach Miete und Alimenten bleiben ihm gut eintausend Euro. Davon legt er zweihundert weg, jeden Monat. Wenn er kann, mehr: seine Wohnung ist ihm egal. Er will sich seinen Kindheitstraum verwirklichen, bevor er ein Greis ist. Er will den Porsche.

Nächstes Weihnachten wird Mario sich den Porsche Cayenne für ein Wochenende mieten und mit den Kindern in den Naturschutzpark Eifel fahren. Er hat keine Lust, mit den Kindern zu reden, aber freut sich darauf, mit ihnen staunend, als drittes Kind gewissermaßen, über Autobahnen und Landstraßen zu rollen und ein wenig stolz auf den Rest des Verkehrs zu schielen. Der ältere Sohn fängt an, sich ebenfalls für Autos zu interessieren, mit ihm wird er auf dem Nachhauseweg ein paar technische Details besprechen.

Bis dahin bleibt Mario alleine.

Im Western gibt es zwei Formen der Bewegung: die des Suchenden, Irrenden und die des Zielstrebigen. Die Ideologie des Western ist die populäre Variante der romantischen Sehnsucht. Eigentlich geht es in den Filmen darum, zu zeigen, wie Amerika aus einem wilden zu einem zivilisierten Land wurde, und mit welchen individuellen Tragödien, aber auch Ruhmestaten dies verbunden war. Die Helden sind entweder entwurzelte Einzelkämpfer ohne Heimat und Liebe oder aber Überzeugungstäter, die alles auf sich nehmen, damit der Ort, an dem sie ihre Zukunft aufbauen wollen, und die Frau, die sie sich dabei an ihrer Seite wünschen, sicher und geschützt sind.

Die Filme erzählen viel über den Weg ans Ziel. Ein ganzes Untergenre des Western dramatisierte die langen Trecks, in denen Pilger und Siedler von der Ost- an die Westküste zogen – mit ihren Planwagen gefährliche Schluchten durchquerend, von Unwettern und Indianern bedroht. Ein anderes Untergenre zeigt den entwurzelten Einzelgänger, der nicht mehr daran glaubt, daß im Land der unbegrenzten Möglichkeiten jeder Traum verwirklicht werden kann. Er kennt die Opfer des neuen Glücks und bleibt verstoßen. So wie John Wayne in »Der Schwarze Falke«, dem vielleicht besten und melancholischsten Western aller Zeiten. Ethan Edwards, ein ehemaliger Südstaaten-Offizier, sucht seine Nichte, die von Indianern entführt wurde: Doch als er sie nach fast zwei Filmstunden findet, ist die Suche für ihn nicht zu Ende, sondern hat nur ihre Bestimmung verloren. Wayne irrt weiter.

Warum das alles hier erzählt wird? Weil John Wayne in seiner archaischen Strenge und Kraft Grundtypus jener Frauen und Männer ist, die in der Liebe zum Auto auch die Möglichkeit des Irrens und Fliehens, des Suchens und Ankommens ausleben.

Die Autowerbung ist eine Art Fortschreibung der Westernmythen. Die Familienvans sind die Planwagen der Pilger, Sportwagen die rassigen Pferde des Sheriffs oder Marshals. Immer mehr Spots favorisieren den halbautistischen Hedonisten als Leitbild. Er grinst, wenn er in seinem Audi TT rasant um die Ecke biegt, er pinkelt – durchgeschüttelt von den engen Kurven in seinem Opel-Cabrio – am Gasthof die Menschen an. Die Frauen dagegen nutzten ihr Auto in der Werbung bisher vor allem, um vor Schuhläden und Parfümerien zu parken, doch seit dem Film »Thelma und Louise« gibt es auch andere Rollenbilder.

Rolemodel aller Auto-Autisten war der Protagonist eines später abgesetzten Mercedes-Spots: ein Businessman, der, im arabischen Kulturraum gelandet und sichtlich befremdet von Basar, Kostüm und Physignomie, zu seinem Mietwagen flieht und erleichtert die Fahrertür von innen schließt. Endlich zu Hause und endlich bei sich angekommen. Der später als politisch inkorrekt gebrandmarkte Spot zeigt unverblümt, was jede Autowerbung heimlich propagiert: die Monade mit Motor, in der Einsamkeit zum Glücksversprechen wird. Je mehr Bedeutung Mobilität für berufliche Karrieren hat, desto wichtiger wird, daß Autos dieses Gefühl vermitteln.

Dem sozialromantischen Klischee zufolge müßten Pendler die Stunden und Tage ohne Partner und Familie furchtbar finden. Doch nach einer Studie der Universität

Mainz sehen immerhin 43 Prozent der Pendler positive Folgen für die Beziehungsqualität und Persönlichkeitsentwicklung. Die individuelle Autonomie im Pendeln wird offensichtlich auch geschätzt. Für viele bedeutet die Zeit im Auto die einzige Möglichkeit, alleine zu sein. Gerade für Familienväter und –mütter eine mitunter sehr kostbare Zeit. Pendler haben trotz enger Bande eine Chance auf Einsamkeit. Viele halten das nicht aus: Sie verwandeln das Auto in ein Konferenzzimmer mit Telefonschaltungen oder pflegen während des Fahrens die Sozialkontakte, für die sonst keine Zeit ist.

Entfernung bedeutet für viele Beziehungen ein schnelles Aus, für andere ist sie die Rettung. Vor allem gut ausgebildete Menschen entscheiden sich immer öfter für diese Form der Beziehung und versuchen, die richtige Balance zwischen Nähe und Einsamkeit zu finden.

Die Sehnsucht nach monadenhafter Verpanzerung zeigt sich in der Beliebtheit von SUVs und Jeeps in allen westlichen Wohlstandsnationen. Gerade bei Frauen. In Los Angeles fahren die schönsten und bezauberndsten Frauen in schwarzmetallischen Range Rovern und dunkelanthraziten Porsche Cayennes durch die Straßen von Bel Air und Beverly Hills. Wenn sie vor den Boutiquen am Rodeo Drive anhalten, sieht man sie gedankenverloren in die Schaufenster starren, in denen sie sich spiegeln. Kleine, zerbrechliche Geschöpfe in hochgerüsteten, an Kampfjets erinnernden Hi-Tech-Fahrzeugen mit abgedunkelten Scheiben. Den Überblick bezahlen sie mit Unnahbarkeit. Ein herrlicher Moment der Verführung ist, wenn sie in einem leichten, hellen Sommerkleid und brasilianischen Flip-Flops aus dem Panzer rutschen und in ihrer Zartheit zu entdecken sind. Wahrscheinlich ist das das eigentliche Geheimnis dieser Autos, ihres Erfolgs bei Frauen. Das Aussteigen aus der Rüstung soll erste Vorfreude auf den Strip wecken. Oder ist das zu sehr eine Männerphantasie?

Einsam als Frau

Aimee ist eine kluge Frau. Den Namen gab ihr der Vater, ein gebildeter Richter, der in Paris studiert und dabei viele französische Filme gesehen hat und der Ingeborg Bachmann bewundert. »Weil sie Einsamkeit in Kreativität verwandelte«, wie Aimees Vater der kleinen Tochter erzählte. Er selbst kann auch gut einsam sein. Aimee kann es nicht. Nach zwei abgebrochenen Studien hat sie jetzt eine Buchhändlerlehre begonnen und schreibt nach Feierabend an kleinen Erzählungen. Von ihrem Freund, der sie über alles liebte, hat sie sich kurz vor ihrem dreißigsten Geburtstag getrennt. »Eine Dummheit, die ich wahrscheinlich bereuen werde«, erklärte sie hellsichtig einer Freundin.

Aimee ist blond, auf aparte Art hübsch und sportlich. Sie ist ein Sozialtalent. Knackt alle gesellschaftlichen Codes, mogelt sich überall hinein und jeder liebt sie dafür. Auch ihren leichten Hang zum Nervensägen und Bockigsein akzeptieren alle. Aimee würde gerne lernen, einsam zu sein. Sie findet es »tatsächlich eine Tugend«, wenn man gut alleine sein kann. »Die Frage ist: Kann man es lernen? Und wie geht es wohl? Vielleicht niemanden anrufen, wenn die kleinen Dämone der Einsamkeit an die Tür klopfen? Alleine in den Urlaub fahren? Alleine zu Hause bleiben, wenn alle ausgehen? Akzeptieren, daß es vollkommen in Ordnung, sogar gut ist, wenn für eine Weile niemand in deinem Herzen wohnt?«

An der Einsamkeit macht sie traurig, daß man alles mit sich selbst ausmachen muß, keinen Spiegel mehr hat, der sagt: »Doch, du bist toll. Doch, das hast du richtig gemacht.« Das bedrohliche Gefühl, alleine mit sich, mit seinen Gedanken und Ängsten zu sein, muß man lernen auszuhalten, so weiß Aimee. »Schafft man es, geht man danach gestärkt und selbstbewußter durchs Leben. Knickt man ein, fängt alles nur wieder von vorne an. Man muß sich lösen von der Sucht nach Bestätigung von außen und schauen, was in einem selber liegt. Dann ist einsam sein gar nicht so schwer. Wenn man gut mit sich selbst allein sein kann, ist man nicht einsam.«

Frauen, die einsam sind, haben in der Wahrnehmung der Außenwelt »keinen abbekommen«. Außer sie sehen aus wie Cameron Diaz, lachen wie Penélope Cruz und haben einen Körper wie Helena Christensen. Einsame Frauen haben ein massives Imageproblem. Während Männer sich als »einsame Wölfe« in ihrer Selbstversunkenheit suhlen und stilisieren dürfen (dazu später mehr), müssen Frauen noch sehr häufig defensiv auftreten. Die selbstbewußte

Singlefrau ohne tristen feministischen Überbau und verhärmte Jungfern-Ideologie wurde Anfang des 21. Jahrhunderts erst durch TV-Serien wie »Sex and the City« salonfähig. Die einsame Frau wurde sexy und aufregend, für Männer jeden Alters Herausforderung wie Verlockung. Und dennoch scheint sich dies noch nicht herumgesprochen zu haben.

In Deutschland haben einsame Frauen noch das größte Emanzipationspotential. Insofern kann man dieses Buch auch als feministisches lesen. Über Jahrhunderte waren einsame Frauen als Hexen oder alte Jungfern Außenseiter. Im Laufe der Emanzipation des 20. Jahrhunderts hat sich das langsam geändert, aber erst jetzt werden Frauen, die zu ihrer Einsamkeit stehen, selbstverständlich.

Selbst sehr erfolgreiche, sehr selbstbewußte, sehr hübsche Frauen geben zu, daß sie nach Monaten ohne Beziehung und Affäre in ihrem Spiegelbild einen Zug der Verbitterung erkennen, der nicht mit Stolz oder Heroentum zu verwechseln ist. »Ich bin mir nicht mehr sicher, ob ich alles richtig gemacht habe«, erklärt Ilona, eine erfolgreiche Anwältin, die schon zweimal verlobt war und beide Male die Hochzeit platzen ließ. Es war nicht der Richtige. Jetzt, Mitte Dreißig, gibt sie zu, daß es verdammt heikel wird, über das Ticken der biologischen Uhr hinweg die unbeschwerte Verführerin zu spielen. Sie ärgert sich über die Realitäten der weiblichen Biologie. Sie, die immer über die hysterischen Kolleginnen und Freundinnen schmunzelte. Zum ersten Mal hat sie das Gefühl, selbst nervös zu werden. Und sie weiß auch, daß diese Nervosität genau jene Typen verschreckt, auf die sie es abgesehen hat.

Schuld an der Nervosität sind die Telomere. Schon seit längerem ist bekannt, daß sich menschliche Zellen je nach Typ circa zehn bis hundert Mal teilen können, dann ist ihre Uhr abgelaufen. Die in den Zellen tickenden Uhren nennen sich Telomere. Diese Telomere machten sich im Hinblick auf die Reproduktion bis in die sechziger Jahre nicht bemerkbar. 1960 waren die meisten Mütter in Westdeutschland bei der Geburt ihres ersten Kindes 23 Jahre alt. Knapp vierzig Jahre später lag das Durchschnittsalter bei dreißig. Und wie in allen westlichen Wohlstandsnationen steigt es weiter an. In den USA warnt das Bild einer umgedrehten Babyflasche in Form einer Sanduhr Frauen davor, ihren Kinderwunsch zu lange aufzuschieben: »Fortschreitendes Alter verringert ihre Fähigkeit, Kinder haben zu können« – so werden die Frauen auf Bussen in New York und Chikago an das Ticken der biologischen Uhr erinnert.

Das ist ungerecht. Tatsächlich bleiben viel mehr Männer kinderlos als Frauen: 33,6 Prozent der deutschen Männer zwischen 35 und 40 haben keine Kinder, während bei den Frauen dieser Altersgruppe nur 17,4 Prozent kinderlos sind, wie Meike Dinklage in ihrem Buch »Der Zeugungsstreik« darlegt. Neben der biologischen Uhr bestimmen die Überlebensfähigkeit von Spermien und Eizellen sowie der Monatszyklus der Frau, wann Kinder gezeugt werden können. Letztlich bleibt im Monat nur ein relativ kleines »Fruchtbarkeitsfenster« offen.

Nach ihrer letzten, glücklosen Affäre hat sich Ilona, cool wie sie ist, damit abgefunden, vielleicht ohne eigene Kinder alt und glücklich zu werden. Sie weiß, nur wenn man sich von seinen Träumen nicht nötigen läßt, bleibt das Glück in Freiheit und Selbstbestimmung lebbar. Außerdem hat sie noch Johannes in der Hinterhand, einen stattlichen Apotheker, der sie seit dem vierzehnten Lebensjahr liebt, mit dem sie schon einmal verlobt war und dessen Familie nur darauf wartet, ihr den Schlüssel zum Sommerhaus auf Sylt zu übergeben – als Zeichen, daß sie jetzt offiziell dazugehört. »Zur Not nehme ich ihn. Er ist süß, verdient viel Geld und betet mich an. Aber das ist der Notausgang.« Leises Lachen.

Frauen sind durch die Popularisierung von Glamour, Eleganz und Mode zunehmend gnadenloser dazu verurteilt, sexy zu sein. »Das kann man kritisieren«, meint meine Freundin Julia, »oder einfach akzeptieren und die Konsequenzen tragen.« Julias Realpolitik schließt den Besuch verhaßter Fitness-Studios ein und das Tragen von Jeans, deren Enge sie manchmal nervt. Zu ihrer Grazie gehört es, sich nichts anmerken zu lassen. Für Frauen, die von Natur aus sexy sind, ist weniger das Problem, jemanden »abzukriegen«, als jemanden zu finden, der »richtig« ist. Sexy sein hilft, die Aufmerksamkeit des »Richtigen« zu erregen und zumindest in einer Beziehung wachzuerhalten. Geliebt werden wollen Frauen wie Männer jedoch für etwas anderes als die Fassade. Sonst stellt sich insbesondere bei hübschen Frauen das Gefühl ein, austauschbar zu sein. Oberflächliches Begehren wird problematisiert, die polierte Fassade aber dennoch kenntnisreich als Waffe eingesetzt. Sexy sein ist ein Angelhaken für alle Männer – auch für die Intellektuellen. Die Wollstrumpffraktion der Feministinnen hat dies ebenso abgelehnt wie die Spießerin, die glaubte, mit ihrem dunkelblaumetallic Dreier-BMW nicht »scharf« sein zu müssen.

»Sex and the City« ironisierte wie ideologisierte die obligatorische Sexyness zu Beginn des 21. Jahrhunderts. Das Quartett um Carrie Bradshaw demonstriert die Pein, die es bedeutet, so zu sein, aber auch die Verpflichtung, sich diese Mühen nicht anmerken zu lassen. Samantha reagiert regelrecht ungehalten, wenn Carrie ihre schlechte Laune zeigt. Frauen müssen gute Laune haben, müssen witzig, unterhaltsam und selbstbewußt sein. Nur so strahlen sie verführerisch. »Ich muß immer aussehen wie die beste Version von mir«, bringt es Samantha auf den Punkt.

Dazu bedarf es absoluter Unerbittlichkeit: Man muß Geld verdienen und erfolgreich sein, muß vor dem Büro ins Fitness-Center und manchmal auch danach, man muß in Stilfragen auf der Höhe der neuesten »Vogue« sein und gelernt haben, wie man die Knöpfe bei den »so simpel gestrickten« Herren der Schöpfung drückt. Die Frauen von »Sex and the City« bleiben dabei dennoch zart, empfindlich, süß, liebenswert, charmant, berechenbar berechnend und faszinierend.

In den USA, wo man in Sachen Single-Glück schon ein Stück weiter zu sein scheint, gibt es eine neue Bewegung: die »quirkyalones«, was übersetzt soviel wie die schrulligen Alleinstehenden heißt. Sie weigern sich, im Dating-Game als Hasardeure mitzumachen und kultivieren statt dessen ihre Schrulligkeit als den Individualitätszins, der nach langen Jahren der Einsamkeit die Persönlichkeit reich macht. Auf ihrer Homepage (*www.quirkyalone.net*) definieren sie sich als Romantikerinnen, die der Tyrannei des Paarwesens widerstehen. Gerade weil sie an die große Liebe glauben, den »magical click«, der seltener ist als ein Lottogewinn, leben sie alleine. In den Chatrooms versammeln sich Hundertschaften von Männerträumen: gutaussehende, intellektuelle Inderinnen, die erfolgreich als Journalistinnen in Delhi arbeiten, oder Quirky Barbie, eine Rechtsanwältin aus Minnesota, die am liebsten mit ihrem Hund spazierengeht, Sachbücher liest und Sport treibt. Sie verkörpern einen neuen Typus Single-Frau, der sich ohne Stigma, ironisch, lustig und angriffsfreudig den Männern entgegenstellt. Obwohl auch Männer in der Bewegung sind. Ins Leben gerufen aber wurde sie von der Autorin Sasha Cagen, die, gerade dreißig, seit Jahren keine Beziehung mehr hatte. Nach einem Silvester ohne innigen Neujahrskuß entschloß sie sich im Jahr 2000, die Quirkyalones zu gründen: als Gemeinschaft von Freigeistern, die ohne Partner leben. Sie wollten nicht schrullig und alleine sein wie die Poetin Emily Dickinson, sondern liebesfähige Wesen, die einen Vibrator besitzen, um nicht hormongesteuert allen trivialen Verlockungen nachgeben zu müssen. Auf Schwarzweißfotos sieht Cagen gut aus.

Im Jahr 2003 wurde der erste »International Quirkyalone Day« ausgerufen: am 14. Februar – eine Art Kampfansage gegen den Herzchenterror des Valentine's Day. Quirkyalones wollen keinen Süßstoff in ihrem Leben, sondern wenn Liebe, dann nur den wahren Stoff. Bis dahin wollen diese Einsamen mit Freunden ein erfülltes Leben führen.

In Deutschland dagegen grassieren Lebensweisheiten wie »Eine 35jährige alleinstehende Frau wird eher in einem Flugzeug entführt, als daß sie einen Partner fürs Leben findet.« Aber es gibt auch hier den Typ der neuen, selbstbewußten Spezies Frau, die sich problemlos alleine durchschlägt.

Die Tochter und Modedesignerin Jette Joop zum Beispiel. Sie sieht aus wie die Eppendorfer Variante von Kim Cattrall, ist lustig und schlau, was sie in ihrem Selbstmarketing allerdings häufig genug versteckt.

Mit 25 wurde sie Teil des Dating-Games in Manhattan, und in dieser Zeit lernte sie auch Candice Bushnell kennen, die Autorin von »Sex and the City«. Diese rief der »großen, blonden und nicht dicken Frau« (JJ über JJ) auf Parties gerne zu: »You look great – I hate you«. Ein typisches New Yorker Kompliment: charmant über die Bande gespielt. Was Jette Joop damit sagen will: sie sah verdammt gut aus, die Typen flogen auf sie, und beruflich war sie auch noch erfolgreich. Eines Tages aber, in einem seltenen einsamen Moment, wurde ihr schockhaft vieles klar. »Ich hatte beruflich erreicht, wovon ich geträumt hatte, wurde auf der Straße erkannt und angesprochen. Wohnte in einem großen Loft in Soho und erwartete, daß nun eine Form von Zufriedenheit einsetzte. Von meinem damaligen Partner hatte ich mich gerade getrennt. An diesem Abend war die Wohnung also leer, meine Freundinnen hatten keine Zeit, und ich stand auf der Straße im dunklen, regnerischen New York. Wollte nicht ins Loft, weil da keiner war, hatte niemanden, um mich zu verabreden, und dachte: Nee, das ist es nicht. So willst du gar nicht leben.«

Sie kehrte zurück, verliebte sich in Hamburg, bekam ein Kind und gehört nun mit on-and-off-Beziehungen zur Single-Aristokratie Deutschlands.

Zum Wesen der Single-Frau gehört, daß sie auf ihren Status als Single fixiert ist. Der Machohumor plaziert seine Spitzen. Und zwar so: »Eine Frau an der Supermarktkasse. Legt das kleine Bündel Salat neben die winzige Packung Salz, die Portion Tortellini neben den Diätjoghurt. Fragt der Kassierer: ›Und, Single?‹ Sie, lächelnd: ›Ja, haben Sie das an meinen Einkäufen erkannt?‹ Er: ›Nein, weil Sie scheiße aussehen.‹«

Darüber können nicht alle Frauen lachen, aber der chauvinistische Witz rührt an Klischees, die sich viele Single-Frauen selbst eingebrockt haben. Ihre Trauer hat sich in das Gesicht eingefräst. Zum Unglück kommt die Entstellung durch das Unglück hinzu.

Die Frauen in »Sex and the City« begegnen Schicksalsschlägen tänzelnd. Ihr narzißtischer Grundtrieb paßt gut zur martialischen Mentalität, die im Nahkampf von Manhattan gefragt ist. Wer sich dagegen selbst zum Opfer macht, rutscht zumindest aus dem Fokus jener zahlreichen Männer, deren Beuteschema fast ausschließlich selbstbewußte, erotische Frauen erfaßt.

Auf der anderen Seite müssen hübsche Frauen, die gelernt haben, einsam glücklich zu sein, oft ihre ererbte wie erarbeitete Aura von Perfektion mutwillig demolieren oder zumindest ankratzen, wenn sie Bindungen eingehen wollen: Sie verschrecken sonst zu sehr. Ihre Makellosigkeit umgibt ein schwer zu durchbrechender Bann. Der amerikanische Soziologe Richard Sennett hat das Phänomen an den Werken Mies van der Rohes beschrieben. Er nennt den Architekten den »Vater der visuellen Einsamkeit«. Seine perfekten Objekte, die Häuser aus Glas und Stahl, stünden in ihrer Einsamkeit »unter dem Bann der eigenen Integrität«.

Es ist in diesem Zusammenhang aber vor Frauen zu warnen, die behaupten, sie seien alleine, weil Männer sich vor zu starken Frauen fürchten. Ihr Selbstbewußtsein ist uncharmant, und dieser Mangel an Charme macht sie zu schwachen Frauen. Das haben sie nur noch nicht verstanden.

Alleinstehende Frauen werden häufig aus sozialen Gefügen ausgegrenzt. Darunter leiden auch souveräne Einsame. Freundeskreise zum Beispiel bestimmen überwiegend die Männer: Frauen werden als Partnerinnen »mitgebracht«, jedoch selten als Singles in bestehende Kreise integriert, was bei Männern anders ist. Attraktive Single-Frauen gelten unter Paaren generell als Gefahr. Selbst bei harmlosen Anlässen wie Abendessen mit befreundeten Paaren bittet man sie häufig, fürs Gleichgewicht einen Mann mitzubringen. In den seltensten Fällen sieht man Gruppen mit mehr Frauen als Männern.

Aimee hat Angst, einsam alt zu werden. Nach der Trennung von ihrem Freund hat sie gemerkt, daß Dinge, Menschen, Lieben, die einst wichtig waren, es plötzlich nicht mehr sind. »Dann willst du dich mitteilen – aber der alte Freund soll es nicht mehr sein, und ein neuer ist noch nicht da. Ich glaube, man fühlt sich immer sehr einsam, wenn man das Gefühl hat, daß niemand einen versteht. Deine Sicht auf die Dinge, deine Witze oder deine Art zu lieben.« Bitter sei vor allem jene Einsamkeit, die einen überkommt, wenn man verlassen wurde. Warum? »Weil nichts schlimmer ist«, so Aimee, »als wenn der andere dich in die Einsamkeit schickt. Das Gefühl von Hilflosigkeit, das damit einhergeht, macht Frauen verrückt. Besonders wenn sie es gewohnt sind, die Kontrolle über Gefühlsdinge zu haben.« Diese Einschätzung teilen fast alle Frauen, mit denen man über dieses Thema spricht.

Aimees schlimmster Alptraum aber ist jene Einsamkeit, die sich auftun wird, wenn ihr Vater stirbt. »Den Schmerz, das weiß ich jetzt schon, wird niemand mit mir teilen können.«

Können Frauen schlechter als Männer mit Einsamkeit umgehen? Die Frankfurter Psychotherapeutin Dr. Aglaja Stirn glaubt das nicht, im Gegenteil: »Männer sind früh bemuttert worden, anders als Frauen. Die Frau hat nach wie vor noch mehr die Rolle des Bemutterns, Versorgens. Männer sind eher auf der Suche nach dieser Geborgenheit und können sie sich nicht so leicht selber geben, da sie mehr das Nehmen übten. Frauen können sich das leichter selbst herstellen, da sie das eher gelernt haben.« Auch so gesehen ist eine glückliche Familie, in der die Mutterrolle positiv vorgelebt wird, Garant für späteres Glück.

Neunzig Minuten einsam

Die Gefahr ist: innerlich zu verwahrlosen. Kalt, stumpf und unsensibel zu werden. Ein cooles Monster, für andere wie für sich selbst unerreichbar. Unsentimental formuliert: Sich eine intakte Seelenflora zu bewahren ist essentiell. Eine Mutter würde sagen: im Herzen muß es noch stimmen, man muß noch fühlen können und lieben.

Der Einsame spürt das an den Tränen, die ihm über das Gesicht strömen, wenn er einen Film wie »Tatsächlich Liebe« sieht, oder »Notting Hill«, oder »Vier Hochzeiten und ein Todesfall«. Romantic Comedies haben schon so manchen Einsamen gerettet, zumindest was jene Schleusen betrifft, über die sich Liebe und Zuneigung Bahn brechen. Die Schönheit jener Romanzen: ihre Eleganz, ihr Witz, ihr Happy-End machen sie zum Zuversichtsmotor. Es ist vorstellbar, daß alles gut wird.

Der Einsame sieht diese Filme zu Hause. Alleine. Deshalb sind Videotheken in jeder Stadt, in jedem Dorf der Treffpunkt für Singles. Samstagabend aber kann es gnadenlos sein. Da stehen in der Videothek die Pärchen, die es nicht mehr nötig haben, den Ausgehbetrieb mitzumachen. Sie strahlen sich an, in ihren Augen glänzt die Vorfreude, bald werden sie sich engumschlungen unter ein weiches Plaid kuscheln, am Sofarand eine Minibar mit Getränken, Knabberzeug und Süßigkeiten. Die Paare strahlen. Keine Frage: sie sind die glücklicheren Menschen. Der Single bittet sie höflich, vor dem Neuheitenregal Platz zu machen. Er braucht den Film, der ihn mit Sehnsüchten versieht, ihn zum Lachen und Weinen bringt. Er braucht was fürs Gemüt. So einfach.

Die Vorliebe für Romantic Comedies eint einsame Frauen und Männer. Und so ist es wohl nur eine Frage der Zeit, bis die Hände einer einsamen Frau denen eines einsamen Mannes begegnen, wenn sie – sagen wir mal – »Wie werde ich ihn los in zehn Tagen« (mit Kate Hudson) ausleihen. Oder »Zum Teufel mit der Liebe« (mit Ewan McGregor), oder »It's All About Love« (von Dogma-Regisseur Thomas Vinterberg), oder zum hundertsten Mal »Pretty Woman«, oder »Sweet November« oder »50 erste Dates«. Oder, für die etwas Intellektuelleren: die Filme von Woody Allen, eine Art jüdisch raffinierte Elitenvariante der Romantic Comedies.

Mein Freund Philipp ist Experte für Romantic Comedies. Ich glaube, er hat alle gesehen. Er ist schlau, extrem witzig und sieht eigentlich gut aus – nicht ganz so gut wie George Clooney oder Brad Pitt, aber irgendwie in der Richtung von Robbie Williams mit einem schweren Einschlag Oliver Korittke. Er ist viel und gerne allein, was auch mit seinen eigenwilligen Schlafgewohnheiten zu tun hat: Er geht selten vor halb fünf ins Bett und schläft oft in den Vormittag hinein. Bis vor kurzem war er Student, jetzt versucht er sich als Journalist, berufener aber ist er zum Schriftsteller. Philipp geht nie alleine ins Kino, wenn er die neueste Romantic Comedy sehen will. Weil man immer jemanden trifft, den man bei so einem Film nicht treffen will. Weil immer eine Frau an der Kasse sitzt, die so hübsch ist, daß man nicht als homosexuell gelten will. Wahrscheinlich hat Philipp noch mehr Rechtfertigungen dafür, daß er, muskelbepackt und testosterongeladen, am liebsten zu Hause DVDs anguckt.

Philipps Meinung nach funktionieren alle romantischen Komödien gleich: Ein Mann, meistens wohlhabend und verdammt oberflächlich, läuft planlos durch sein Leben. Begleitet wird er dabei von einer schönen, doch zickigen Lebenspartnerin und falschen Freunden. Dann tritt eine leicht verrückte Freundin in sein Leben. Sie verlieben sich usw. Am liebsten mag Philipp Filme von Richard Curtis mit Hugh Grant, weil der an einem ebenso bezaubernden wie peinlichen Flirt-Tourette leidet, das viele romantische Männer umtreibt und sie oft ungewollt einsam schmachten läßt. Wenn er verliebt ist, stottert und patzt Grant, daß es eine Freude ist, und dennoch bekommt er am Ende seine Traumfrau.

Das Happy-End ist die eigentliche Botschaft der Romantic Comedies. Deshalb sind sie so wohltuend für Einsame. Jede der neunzig Minuten liefert eine Infusion Zuversicht und gute Laune.

In den Romantic Comedies passiert all das, was im realen Leben Lottotreffern nahekommt: Liebe auf den erste Blick, das perfekte Paar, leidenschaftliche Haßliebe (jung/alt, hübsch/häßlich, arm/reich), Happy-End, haarsträubende Zufälle. Buchhändler trifft Hollywood-Superstar.

Romantic Comedies halten in Zeiten emotionaler Zerrüttung und überbordenden Individualismus' die Idee der Zweisamkeit lebendig. Eigentlich müßten diese Filme weltweit von den Familienministerien unterstützt werden.

Einsame weinen nicht nur über das Glück der durchweg sympathischen Helden, sondern auch, weil sie selbst dieses Glück nicht kennen. Daß sie sich danach sehnen, belegt ihre Leidenschaft für romantische Komödien. Nur wer weinen kann, hat seine Seele noch nicht verloren. Für Einsame ist der Film ein Fitness-Studio, in dem sie ihre Sensibilität trainieren. Und mit jedem Happy-End wächst die Sehnsucht. Wen soll man lieben?

Philipp hat eine Liste mit Romantic Comedies für die einsamen Momente zusammengestellt. Selbst in der tristesten Dorf-Videothek kann man diese Filme finden. Die Menschen scheinen ohne sie nicht auszukommen.

* Notting Hill: Hugh Grant als Buchhändler erobert Julia Roberts als Hollywood-Superstar. Von wegen unverbindlicher Sex – davon träumen Männer, meint Philipp.

* Pretty Woman: Julia Roberts als gefallenes Mädchen mit unverbrauchtem Lachen und Richard Gere als charmante Heuschrecke, die aus Liebe zum anständigen Kapitalisten mutiert. Wunderschönes Happy-End.

* Tatsächlich Liebe: Die schönste Liebeserklärung ohne Worte. Die Schilder für Keira Knightly sind süßer als Marzipan und cooler als Robbie Williams. Von Claudia Schiffer über Emma Thompson bis Hugh Grant reicht das tolle Cast.

* Die Hochzeit meines besten Freundes: Julia Roberts und Cameron Diaz streiten sich um einen mittelmäßigen Typen. »Mehr geht nicht«, meint Philipp, zumindest nicht für einsame Jungs mit reger Phantasie.

* About a Boy: Hugh Grant lebt vom Erbe seines Vaters und hängt in einer fantastischen Wohnung rum. Ein häßliches Kind und seine Traumfrau klopfen an die Tür. Der Wunsch jedes Mannes. Bis auf das Kind.

* Mickey Blue Eyes: Wie eine gute Pizza. Schmeckt jedem, und von allem ist was drauf. Mafia, Liebe, Witz und Action.

* Vier Hochzeiten und ein Todesfall: Bis auf die weibliche Hauptdarstellerin ein Meisterwerk. Andie MacDowell als Kopfverdreherin? »Na ja«, meint Philipp. Er gehört zu einer Generation, die mit dem Charme der achtziger Jahre nichts mehr anfangen kann.

* Friends: Die TV-Serie hat soviel Witz, Charme und Romantik auf die kleine Hausleinwand projeziert, daß sie auf dieser Liste stehen muß.

Einsam am Geburtstag

Einsam in einen Geburtstag hineinzufeiern bietet die Chance, alles zu überdenken. Wenn fünf Minuten nach Mitternacht noch niemand angerufen hat, sollte man ins Bett gehen. Vielleicht vorher noch einen Schluck Wasser. Das Leben ist ein Kampf. Das wird so bleiben. Gerade, wenn man keine Schulter hat, an die man sich anlehnen kann oder will.

Auf der anderen Seite: Nie fühlt man sich einsam freier als in jenem Moment, in dem selbst die soziale Resterampe über genug Personal verfügt, um sich feiern zu lassen. Natürlich könnte jeder Einsame das auch. Eine Runde zusammentrommeln, in einer Bar, einer Kneipe oder dem eigenen Wohnzimmer Sektkorken knallen lassen, Geschenke auspacken, Bekannte und Halbbekannte umarmen, strahlend die Kerzen auf der Geburtstagstorte ausblasen. In den meisten Fällen wäre so ein Szenario zu schaffen – wenn auch vielleicht mit großem Aufwand. Sich dem zu versagen und einsam das Licht auszuknipsen, um in Ruhe einzuschlafen, entbehrt nicht eines gewissen Pathos. Selbst der schüchternste und bescheidenste Einsame spürt in diesem Moment etwas Heroisches. Einmal mehr verdeutlicht er, daß Mitmenschlichkeit für ihn nicht soziale Routine bedeutet. Daß er selbst an so einem Freudentag seine Entscheidungen abseits aller klassischen Rollenvorgaben trifft.

Sabine ist 43 geworden. Sie ist geschieden. Die beiden Kinder leben beim Vater, fernab ihrer rheinischen Heimat im Süden Spaniens. Ihren Brief hat sie noch nicht geöffnet, als sie ins Bett steigt. Bevor sie das Licht ausknipst, hört sie noch einmal in die Stille der Nacht. Seit einem halben Jahr lebt sie zurückgezogen. Nicht, weil sie ihren Freundeskreis nicht erträgt; aber sie hat das Gefühl, aus sich heraushören zu müssen, was ihre Zukunft noch so mit sich bringen könnte. Das Buch »Methusalemkomplott« von Frank Schirrmacher hat sie verschlungen. Sie, die immer besonders jung, sexy und verführerisch sein wollte, hat die wahre Dimension jener Einsichten erkannt: Wenn wir künftig alle alt und rüstig sein werden bis weit über achtzig, dann steckt sie jetzt, Anfang Vierzig, erst mitten im Leben. Den neuen biographischen Distanzen entsprechend ist sie gerade richtig erwachsen geworden.

Deshalb will sie sich jetzt Zeit nehmen für die Ideen, die in ihr wachsen sollen. Sie hat gelesen, daß sie künftig in ihrem Leben ständig lernen müsse. Daß sie nie fertig würde. Aber anders als ihre gleichaltrigen Freundinnen versteht sie dies als schöne Herausforderung, die ihr gute Laune macht. Als Deutschlehrerin war sie in den vergangenen fünfzehn Jahren sehr erfolgreich. Der Schulrat wollte sie zur Konrektorin machen. Sie entschied sich für ihre Kinder und mehr Zeit, um sie zu erziehen. Nach der Scheidung und dem Umzug von Mann und Kindern braucht sie jetzt eine neue Perspektive. Im Kollegium ist sie zweifelsohne die Attraktivste. Die Avancen der Junglehrer wie des Rektors findet sie rührend. Sie will keinen Freund. Sie möchte nicht mit irgendeinem Typen am Düsseldorfer Flughafen stehen und die Kinder abholen. Sie hat auch keine Lust auf Sex. Sie will jetzt einfach Ruhe. Auch an ihrem Geburtstag.

Ihren letzten einsamen Geburtstag feierte sie während des Studiums in München. Das fällt ihr jetzt wieder ein. Es muß ziemlich genau zwanzig Jahre her sein. Auch damals hatte sie gerade Schluß gemacht und war sofort in eine Art vorgezogene Midlife-crisis gestolpert. Sie war sich nicht sicher, ob ihr Germanistikstudium auf Lehramt wirklich das richtige war. Ein Kleinbürgerstudium, hatte ihre Mutter gesagt, die erfolgreiche Geschäftsfrau mit einem Hang zu teuren Labels. Und tatsächlich waren ihre Kommilitoninnen furchtbar. Von den Typen ganz zu schweigen. Als der junge Professor, mit dem sie eine Affäre hatte, Angst vor der großen Liebe bekam, war sie kurz davor, alles hinzuschmeißen und ihrem großen Bruder nach Kalifornien zu folgen. Der studierte in Pasadena Autodesign und schwärmte von den coolen Dozenten, dem entspannten Luxus der West Coast und den Frauen in Malibu.

Sie dachte darüber nach. Und war dabei allein. Sie trank sehr viel an jenem Abend. Um Mitternacht war sie fast betrunken. Sie fand das lustig. Bevor sie ins Bett ging, nahm sie ein Aspirin. Sie schlief lange und ruhig. Am nächsten Morgen machte sie sich flott: schminkte sich ein wenig zu stark, zog eine enge Jeans an und stieg in ihr verdrecktes Käfer-Cabrio. Sie wollte sich München noch einmal ansehen. War das ihre Stadt? Lebten hier die Menschen, auf die sie neugierig war? Den Telefonstecker hatte sie rausgezogen. Im Briefkasten steckten zwei Karten: von der Stiefoma und der Tante in Braunschweig. Sie hatte keine Lust, sie zu lesen.

An jenem Tag hatte sie beschlossen, so zu bleiben, wie sie war. Sie wollte nicht nach Kalifornien. Oder doch: sie fuhr in den nächsten Semesterferien hin und verbracht zwei Monate am Strand. Sie wollte doch Lehrerin werden. Sie hatte den großbürgerlichen Sound ihrer Familie satt. In Kalifornien verliebte sie sich in einen Surfer. Es wurde die schönste Liebesaffäre ihres damals noch sehr jungen Lebens. Er besuchte sie in Düsseldorf und verschwand nach zwei Tagen. Er fand die Stadt abscheulich. Sie konnte es gut nachvollziehen. Kurz nach dem Examen lernte sie Manuel kennen, einen hübschen Halbspanier, der ebenfalls nur widerwillig auf Lehramt studiert hatte. Es wurde die große Liebe.

Seitdem waren alle Geburtstage Familienfeste mit mehr und mehr Personal. Bis, ja, bis vor knapp einem Jahr rauskam, daß Manuel sie schon seit langem betrog. Sie bemerkte es erst, als er so unvorsichtig wurde, mit seinen Affären zu telefonieren, während sie im Wohnzimmer fernsah. Da flog alles auseinander. Die Kinder waren traurig. Manuel war wieder schwer verliebt und hatte das Angebot, am deutschen Gymnasium in Sevilla zu unterrichten. Seine künftige Frau war begeistert. Die Kinder auch. Sie wollten immer schon in den Süden. Und sie hatte auch nichts dagegen.

So ist sie jetzt allein. Und es ist ihr Geburtstag. Der Blick in den Spiegel zeigt eine ernste, kluge Frau, die eher zu jung aussieht. Sie ist in den letzten Wochen ruhiger und zarter geworden. Im Lehrerzimmer heißt es, sie sei verliebt. Es wurden sogar Wetten abgeschlossen, wer aus dem Kollegium wohl der Glückliche sei. Sie schmunzelte nur; sie ahnt, daß sie sich nie mehr in einen Pädagogen verlieben wird.

Sie zieht sich an wie damals. Cool und sexy. Sie setzt sich in ihren alten Alfa und fährt in die Schule. Auf ihrem Platz im Lehrerzimmer liegt ein Blumenstrauß. Ein sehr hübscher, weißer. Kolleginnen und Kollegen sind netter, als sie sich das vorgestellt hat. Der Rektor hält eine kurze Rede in der ersten Pause. »Wir sind sehr froh, daß Sie hier sind«, erklärt er. »Wir sind noch glücklicher, daß Sie auch in einer zugebenermaßen schwierigen Situation« – hier blickt sie der Rektor eindringlich an – »hiergeblieben sind.« Applaus. Auch die Schüler sind süß. Der Geburtstag ist schön. Alle geben ihr das Gefühl, daß man sie mag und braucht. Und daß man in ihr viel von dem sieht, was auch sie in sich sehen will. Sie ist anders als die anderen Lehrer. Sie ist strenger, selbstbewußter, hat eine teure Uhr und elegante Pullover. Sie ist ein Unternehmertöchterchen und trotzdem eine engagierte Lehrerin mit hoher sozialer Intelligenz.

Niemand fragt sie, wie sie den Geburtstag feiern wird. Das Taktgefühl überrascht sie. Die Anrufe der Kinder brechen ihr fast das Herz. Nächstes Wochenende werden sie die Geschenke bringen. Sie telefoniert zwanzig Minuten mit ihnen auf dem Weg nach Hause. Zu Hause angekommen, legt sie sich erschöpft aufs Sofa und atmet tief durch. Auf bemerkenswerte Weise ist sie glücklich. Sie ist einsam und dennoch sehr beliebt. Sie fährt sich durch die Haare. Sie merkt, daß ihre Ausstrahlung wächst. Bald wird sie ruhig genug sein, um sich zu verlieben. Sie spürt, daß die Lust darauf wiederkommt. Die Herbstsonne fällt schimmernd in die helle Wohnung. Sie schließt die Augen und schläft ein, für zehn Minuten. Träumt vom Strand und den Kindern, sieht sich alleine einen Berg am Meer emporsteigen. Als sie aufwacht, wäscht sie sich das Gesicht und steigt wieder in den Alfa. Bei H&M kauft sie einen Cashmere-Pullover, den von Karl Lagerfeld designten. Ihr Geburtstagsgeschenk an sich selbst. Er ist dunkelgrün.

Auf dem Heimweg hält sie an der Videothek und leiht sich ein paar Folgen von Ally McBeal aus. Zu Hause bestellt sie sich Sushi. Seit langem hat sie sich nicht so wohl gefühlt. Sie ist bei sich angekommen – nach Jahren der Selbstaufgabe und -entfremdung. Das ist das größte Geschenk und die größte Verlockung für die Zukunft. Sie geht früh ins Bett. Der Geburtstag ist gut überstanden. Sie ist einsam, und das ist gut so.

Einsam als Mann

Die gute Nachricht vorneweg: einsame Männer bleiben länger schlank. Sie verwahrlosen nicht in der Zweisamkeit, die nach Jahrzehnten leicht zu einer gewissen Nonchalance in der Außendarstellung verleitet. Laut Statistischem Bundesamt waren im Jahr 2003 zwei Drittel der verheirateten Männer übergewichtig.

Einsame Männer erfüllen eine Rollenvorgabe. Der einsame Wolf. Der Hagestolz. Der Eigenbrötler. Der Eremit. Alles Stereotype, die Einsamkeit mit Besonderheit und Haltung verbinden. Während einsame Frauen schnell als Verliererinnen im Dating-Game dastehen, trägt die Einsamkeit der Männer unverdienterweise auch heldenhafte Züge. Dabei gibt es zwei Grunddispositionen.

Auf der einen Seite der lonesome Cowboy, John Wayne, der Held, der vor nichts und niemandem Angst hat. Gary Cooper reitet in »Zwölf Uhr mittags« allein gegen eine Mörderbande, die die Stadt terrorisiert, die verheirateten Männer schauen ihm ängstlich zu. Am Ende besiegt er die Bösen und bekommt zur Belohnung die schönste Frau. Andere Actionhelden und Moralapostel wären Rambo I & II, Clint Eastwood in seinen Dirty-Harry-Filmen oder Harrison Ford als Indiana Jones. Aber es gibt Hunderte Beispiele.

Am anderen Ende des männlichen Rollenspektrums lauert Paul Valérys Monsieur Teste, eine der Schlüsselfiguren der Moderne. Der reine Intellektuelle, eine Art Lichtgestalt von messerscharfem Verstand und emotionaler Kühle. Herr Teste monologisiert gerne, er führt endlose Selbstgespräche. »Ich denke, und das stört nichts. Ich bin allein. Wie behaglich ist die Einsamkeit! Nichts Zärtliches lastet auf mir ...« Die Helden von Franz Kafka und Thomas Bernhard, von Cesare Pavese und Samuel Beckett, von Ernest Hemingway und Rainer Maria Rilke sind zumeist solche Einzelgänger von intellektuellem Format.

Der einsame Wolf preist sich als solcher auch in Kontaktanzeigen an. Er hat gelernt, die Einsamkeit als Imagefaktor zu kultivieren. Es gibt ihn in allen sozialen Schichten und Nischen. Vom Gabelstaplerfahrer mit Schnauzbart und Camel-Trophy-Boots über den melancholischen Realschulsportlehrer (»Ein echt harter Hund, aber ein netter Kerl«, so die Schüler) bis hin zum verbissen agierenden Vertriebsleiter eines großen Einzelhandelskonzerns, der mit seiner Harley nach Feierabend gerne in den Sonnenuntergang oder unter die Abflugschneise eines Flughafens fährt.

Virilität umgibt den einsamen Wolf. Er wirkt stark und unabhängig: er tut viel dafür, daß sich dieses Bild seiner Umwelt vermittelt. Er ist sowohl sehr ernst als auch sehr lustig. Ein kerniger Typ, in der weicheren Variante sensibel und nachdenklich. Immer aber in sich ruhend und gefestigt, mit Cowboyblick und wenig Verständnis für Schwäche.

Der einsame Mann greift auf ein Repertoire kultureller Standards zurück, die sein Single-Dasein möglichst angenehm machen. Nick Hornbys »About a boy«, mit Hugh

Grant verfilmt, zeigt das fragwürdige Ideal eines einsamen Mannes, der – ohne Geldsorgen – sein Leben ganz nach seinen Neigungen und Interessen organisiert. Er nennt es »die Will Show«, weil er darin die Hauptrolle spielt und alle anderen nur kurze Gastrollen erhalten. Er kauft CDs und DVDs, hat Satellitenfernsehen und einen Audi TT. In der Anmoderation verrät Will, in etwa Anfang Vierzig, seine Metapher für Leibniz' Monadenvorstellung: Jeder Mensch ist eine Insel. Zugeschrieben wird dieses Zitat Jon Bon Jovi, aber Will präzisiert es in seinem Fall: er halte sich für Ibiza.

Sein Desinteresse am Rest der Welt bestätigt sich in der Begegnung mit anderen immer wieder neu. Frauen trifft er, um sie schnell ins Bett zu bekommen. Letztlich wird es aber diese Libido sein, die sein System zum Einsturz bringt. Das ist typisch und gut gewählt. Der Sexualtrieb ist insbesondere beim Mann die Sollbruchstelle jeder noch so kultivierten Form des Eigenbrötlerdaseins. Als Will über Umwege einen kleinen, deutlich weniger privilegierten Jungen kennenlernt und sich dieser dann so liebevoll wie konsequent in sein Leben drängt, interessiert er sich zum ersten Mal seit Jahrzehnten für einen anderen Menschen. Er öffnet die Tür zu seinem Herzen. Im selben Moment verliebt er sich. Ist die Tür erst einmal offen …

Das Happy-End ist klar. Die Schlußweisheit ebenso: jeder Mensch ist eine Insel, aber er gehört zu mitunter umfassenden Inselketten. Will hat einen der letzten Ausgänge aus der selbstgewählten Einsamkeit erwischt. Ein

Jahr länger, und er hätte sich geweigert, erwachsen zu werden; wäre lieber Junge geblieben, als einen Jungen zu haben.

Für jene ohne Happy-End im wirklichen Leben sorgt Abend für Abend das Fernsehprogramm. Roman ist notorischer Single und Romantiker. Unter den Jungs mit innerer Stärke und Haltung ein Iron Man. Er liebt nur einmal alle fünf Jahre. Dazwischen schläft er mit Mädchen und Frauen, bleibt aber für sich. Er trinkt zuviel Red Bull mit Wodka und sieht fern bis in den frühen Morgen.

»Weißt du eigentlich, wie deprimierend das ist?« fragt er mich.

»Was denn?« frage ich zurück.

»Das Fernsehprogramm in der Nacht, das ist eine Verhöhnung einsamer Männer. Da wird der ganze Trash der Woche in kleine Portionen verpackt und mit immer gemeiner werdenden 0190-Werbespots garniert.«

Wer einsam ist und um vier noch wach, vermutet Roman, der will wahrscheinlich auch mit Frauen schlafen, die aussehen wie seine Taufpatin und älter sind als die Damen, die er im Zivildienst betreute.

Roman ist ein großer Zyniker. Er würde gerne Date-Doktor werden. Jedem Volltrottel zeigen, wie man sich eine Braut angelt. In der Zeitung hat er eine Untersuchung gelesen: 63 Prozent aller Singles wollen professionelle Unterstützung beim Finden eines Partners. Sechzig Prozent würden vor dem nächsten Rendezvouz einen Dating-Berater aufsuchen. Da gibt es viel Geld zu verdienen, vermutet Roman, der mit seinen Jobs als Beleuchter beim Film nicht wirklich glücklich und schon gar nicht intellektuell ausgelastet ist. Er referiert die Details der Studie: Vierzig Prozent wünschen sich zunächst einmal Tips, wie sie lockerer auf Menschen zugehen können. 22 Prozent sehnen sich nach einer geileren Körpersprache. 17 Prozent wiederum geht das noch nicht weit genug. Sie wollen konkrete Vorschläge, wie man erfolgreich Kontakte knüpft. Und immerhin acht Prozent verlangen eine Gesprächsthemenliste, damit auch ja nichts dem Zufall überlassen bleibt. Zehn Prozent könnten sich eine Beratung über einen »Knopf im Ohr« vorstellen. Scheinbar sei das Ritual der Partnersuche »mittlerweile so komplex«, kommentiert Roman süffisant, daß die Leute Starthilfe bräuchten.

Das Single-Leben ist ein Krieg geworden, und Roman spielt mit seinen 42 Jahren eine Art hochdekorierten Veteran. Andere Männer hören ihm gerne zu. Viele seiner Freunde haben ihm die Freundin zu verdanken, weil Romans Tips fast immer funktionieren. Dabei rät er meist nur zu Ruhe und Geduld – und zu Genauigkeit in den Details. Kein falsches Wort, kein falsches T-Shirt, nie zu betrunken, nie zu dick auftragen. Er hat seinen romantischen Minimalismus popularisiert, der auf Mädchen und Frauen jeden Zuschnitts wirkt. Für sich selbst hat er einmal die Richtige gefunden. Aber sie fand dann drei Jahre später wiederum einen Richtigeren. Weniger schlau und hingebungsvoll als Roman, aber auch weniger anstrengend. Verena, Romans große Liebe, hatte stets Angst, er könnte sie verlassen. Eigentlich wollte sie Kinder mit ihm, aber in der Angst, er könnte ihr das Herz brechen, brach sie ihm seins. Und heiratete einen älteren, fast molligen Bonvivant mit schütterem Haar. Der ist reich und lustig, aber als Roman bei der Hochzeit sah, wie Verena ihrem soeben Angetrauten den Vollstreckungskuß gab, war ihm klar, daß sie ihn nicht liebte, sondern von ihm bedingungslos geliebt werden wollte und wurde. Sie hatte sich immer nach Sicherheit gesehnt. Das hatte Roman übersehen.

In seinem Freundeskreis gibt es kaum einen Single, den er mag. Er findet, sie haben sich alle in lächerliche Rollen geflüchtet: der Marathonläufer, der Schweigsame, der Bordellkunde, der Porschefahrer, der Workaholic, der Erbschleicher und Prasser, der Eremit. Seine besten Freunde sind verheiratet und haben Kinder. Mit ihnen verbringt er am liebsten die Zeit. Er spielt mit den Kindern und hilft den Frauen beim Kochen. Er guckt mit den Männern Fußball und Wahlsendungen. Selbst bei den Großeltern ist er wohlgelitten. Ihm ist klar, daß er seine Einsamkeit nur dann opfern wird, wenn er eine Frau findet, mit der er Haus, Kinder, eine echte Zukunft haben will. Alles andere ist ihm egal. Für die anderen Idioten spielt er den Date-Doktor.

Der einsame Mann mißversteht sich als Held und verkennt, daß er in einer auf Familie und Gemeinschaft ausgerichteten Gesellschaft ein Mängelwesen ist. Gleichzeitig fungiert er in bürgerlichen Gesellschaften als Leitbild eines konsequenten Individualismus: Sein Freiheitsdrang schreckt auch vor den Härten absolut verstandener Bindungslosigkeit nicht zurück. Aber souverän und nicht pathologisch ist das Einsam-sein-Können nur, wenn ihm gleichwertig das Mit-anderen-sein-Können gegenübersteht.

Am Ende gilt jener Satz eines weisen Mannes, der einem alternden, zunehmend vergrämten Single erklärte, seine ständige Kritik an den anderen und ihrer Mittelmäßigkeit würde konsequent gedacht bedeuten, daß außer ihm circa acht Milliarden Vollidioten die Erde bevölkerten. Deshalb läge es nahe, den Fehler bei sich und nicht bei den anderen zu suchen.

Einsame Männer leben entweder im Zentrum der Stadt, inmitten der Massen, oder aber sie suchen sich wie Einsiedler schwach besiedelte Landstriche, in denen man Wochen verbringen kann, ohne einen anderen Menschen zu treffen. Die Einsiedler findet man dicht gedrängt in den Vorschauen anspruchsvoller Literaturverlage. Da reiht sich ein kurzgeschorener Brillenträger an den nächsten. Allesamt mausgrau geworden von den einsamen Stunden am Computer, wo sich Poesie in der Weltabgeschiedenheit ereignet und das Soziale eigentlich als Störfaktor gilt. Die Ereignisse des Vorlebens werden in immer größeren Schleifen aufgekocht und wiedergekäut, verziert und melancholisiert; bis am Ende die Unwiederbringlichkeit jenes Lebens – mit Küssen, Keksen, Umarmungen, Liebe und Haß – als befreiend geschildert wird. Diese Einsiedler beginnen ihre Arbeit, nachdem sie die aktive Teilhabe am Leben eingestellt haben. Ihr Vorbild sind Mönche, ihr schwächster Punkt ist die Hybris der Menschenfeindlichkeit. Dabei ist doch klar, daß Kunst sich nur in der Auseinandersetzung mit dem anderen ereignen und bewähren kann. Wer den Kontakt meidet, um in sich hineinzuhören, lebt mit dem Blick im Rückspiegel. Viele Einsiedler machen ihr Leid zu ihrem Wesen. Sie zu beglücken hieße, sie zu erschüttern. Im besten Fall. Friedrich Hebbel hat es Mitte des 19. Jahrhunderts auf den Punkt gebracht: »Wenn ein Mensch ganz Wunde ist, so heißt ihn heilen – ihn töten!« Viele Einsiedler pflegen ihre Wunden in dem Wissen, daß sie ohne diese Wunden nichts wären.

In den Bildern des Hyper-Romantikers Caspar David Friedrich sind die Einsiedler Geborgene der Landschaft. Sie wollen in der Natur jene Transzendenz erfahren, die in der Hektik des Miteinander verlorengegangen ist. Diese Exilanten der Frühmoderne, wie sie Friedrich im 19. Jahrhundert einfängt, versuchen, der Verstädterung und Zivilisierung allen Seins zu entfliehen und in der Nähe des Mystischen ihren Ort zu finden. Das Einsiedlertum birgt die Chance, mit Mutter Natur eins zu werden.

Heute werden solche Erfahrungen stark mit Extremsportarten verbunden, bisher weitgehend eine männliche Domäne. Doch auch hier emanzipieren sich die Frauen. Ob als Freeskier, Wellenreiter oder Eiskletterer: alle Einzelkämpfer wollen wieder mit den als archaisch empfundenen Kräften der Natur in Kontakt treten. Bizarrerweise versucht die PKW-Werbung jenes Gefühl der Naturverbundenheit technoid zu umschreiben. Die Menschmaschine (Fahrer+PKW) wird als Einverleibter der Landschaft gezeigt, auf leeren Straßen mit dem Horizont verschmelzend.

Die große Gefahr für einsame Männer: sie werden unflexibel und egoistisch; schaffen es nicht, ihr Leben wirklich zu teilen. Besonders mit Worten. Eine Partnerschaft ist jedoch nur möglich, wenn man den anderen als Eingeweihten an seinem Leben teilhaben läßt. Außerdem geht bei vielen Männern nach Jahren der Einsamkeit die Fähigkeit zur Empathie zurück. Sie verhärten. Was natürlich auch dazu führt, daß sie Romantik verlernen. Sie glauben nicht mehr an die Bilderbuchliebe und nehmen ihr schon damit alle Überlebenschancen. Sie müßten nur offener und interessierter sein. Keine Frau will mit John Wayne eine Beziehung führen. Häufig rettet die Biologie Männer vor einer stupiden Form der Einsamkeit.

Einsam als Mann – mit tickender Uhr

Ausgerechnet Tim Jeffries. Der Vollidiot. Ein Typ, der gerne alle schönen Frauen dieser Welt beglücken würde, der aalglatt (aber gut) aussieht und dessen Beziehungsliste jeden Pirelli-Kalender toppt.

Die wahre Form des Sozialneids ist der Sexualneid. Ein Mann, der alles hat, erweckt Mißtrauen. Doch darum geht es hier nicht. Es geht um eine große Einsicht, die wir Tim Jeffries verdanken. In einem Interview mit der »Welt am Sonntag« erklärte der 41jährige: »Ich hätte gern eine Frau und Kinder.« Ja, wer nicht. Und dann: »Auch Männer hören die Uhr ticken.«

Biologen weisen darauf hin, daß die Evolution dem Sexualtrieb des Mannes einen klaren Auftrag erteilt hat: sein Genmaterial breit und nachhaltig unter das Volk, also unter die gebärfähigen Frauen zu verstreuen. Dies steht in klarem Widerspruch zum abendländischen Konstrukt der Monogamie. Frauen hingegen wollen nach dem Empfang möglichst wertvoller DNA den Erzeuger als Beschützer und Ernährer bei sich halten. Ihre biologische Uhr tickt laut, wenn ihre Fähigkeit abnimmt, Leben zu schenken. Ebenso, wenn ihre Attraktivität so nachläßt, daß fraglich scheint, ob sie noch wertvolle DNA abstauben können – oder nicht relativ unspektakuläres Restsperma einsammeln müssen. Bei Männern sieht das anders aus. Ihre Attraktivitätskurve kann bestenfalls von 16 bis 56 ansteigen oder sich ab Mitte Dreißig auf relativ hohem Niveau halten. Tim Jeffries ist dafür ein gutes Beispiel. Beruflicher Erfolg und gute Gene können Männern auch Anfang Vierzig noch zu den schönsten Frauen der Welt verhelfen, egal ob die gerade Abitur gemacht haben oder erfahrene Investmentbankerinnen sind. Warum also hören auch Männer die innere Uhr ticken? Sind es die ersten grauen

Haare oder die Haare, die nach dem Bad von der Kopfhaut verstoßen als Memento Mori in der Wanne liegen? Sind es die Falten im Gesicht oder die vollkommen neue Erschöpfung am Ende einer heruntergewedelten Schwarzen Piste?

»Auch«, murmelt mein guter Freund Axel, ein erfolgreicher Werber: »Aber nicht wirklich.« Axel hat ein paar Haare verloren, ist aber mit jedem Haar weniger cooler geworden. Trägt mutig Ray-Ban-Brillen und Palästinenserschals zu Beachpants und T-Shirts von American Apparel. Junge Frauen finden ihn hochgradig interessant, obwohl er ein Kauz ist. Die Uhr hört der 36jährige schon länger ticken. »Verstärkt seit Anfang Dreißig, als sich meine letzte Beziehung dem Ende zuneigte.« Da war für Axel klar, daß er nicht der Daddy würde, der er zu dem Zeitpunkt eigentlich schon sein wollte. »Und mir war natürlich bewußt, daß nun inklusive Verarbeitungphase der Ex-Beziehung, Singlesein-Genießen-Phase, Neue-Freundin-Finden-Phase und Das-ist-jetzt-die-Richtige-zum-Kinderkriegen-Phase eine Weile vergehen würde, bis ich wieder wirklich übers Vaterwerden nachdenken könnte.«

Axel ist am Ticken gereift. Seine One-Night-Stands sucht er sorgfältig nach postkoitaler Unbedenklichkeit aus. Er trennt das Interesse an tollen Frauen strikt von den wollüstigen Streifzügen des Single-Lebens. Er wirkt wie ein prächtiger, reifer Apfel, der nur mehr gepflückt werden will. Doch bei guten Frauen ist die Rollenverteilung eindeutig: Der Mann muß pflücken. Obwohl gerade

Frauen mit laut tickenden Uhren Männer pflücken. Oder, noch gefährlicher: Männern ein Baby anhängen. Kühl kalkuliert setzen sie klammheimlich die Pille ab oder verführen, wenn sie ein Fruchtbarkeitsfenster vor Augen haben, einen jungen Mann. Verwerflich? Nein. Vielleicht. Schuld daran sind die Telomere. Sie sind uns im Kapitel über einsame Frauen schon begegnet.

Doch hier geht es darum, was Männer davon abhält, sich zu vermehren. Wichtig ist das Verhalten der Peergroup. In den vergangenen fünf Jahren hat sich das soziale Klima stark zugunsten von Kindern verändert. Nach dem Anything Goes der neunziger Jahre setzte sich ein humanistischer Essentialismus durch; das Gerücht, daß Kinder glücklich machen, zog immer weitere Kreise. Kinderkriegen wurde schick, weil es nach all den Verlockungen von Luxus und Konsum nachhaltigeres Glück versprach. Daß Elternsein nicht uncool war, senkte die Hemmschwelle vor der neuen Verantwortung.

Wenn die Zahl der Parties und Grillabende, auf denen Heerscharen von Kindern durch die Menge toben, von Jahr zu Jahr zunimmt, wächst der Druck auf jene Gäste, die noch keine haben, aber instinktiv eine große Sehnsucht danach. Über diesen Urinstinkt sagt mein bester Freund Thomas: »Entweder du hast diesen Kinderwunsch, oder du hast ihn nicht. Das ist eine archaische Kraft, die sich früher oder später durchsetzt.« Später vielleicht, denken viele, die noch nicht die Richtige gefunden haben.

Thomas hat zwei Töchter und ist einer der brillantesten Väter, die ich kenne. Seine Frau hat das Erziehen ebenfalls meisterhaft gelernt. Trotz üppiger Neurosen, auch in der Ehe, entwickeln sich die Kinder prächtig. Daran teilzuhaben, beglückt. Und wenn man ständig Erfahrungen mit Kindern macht, bleibt man zumindest in Kontakt.

»Ich habe Freunde mit Kindern, ich habe Nichten und Neffen, und die bescheren eine Freude, die mir nur selten vergönnt war.« So Brad Pitt, kurz nach seinem vierzigsten Geburtstag. Da verriet er »Vanity Fair«, wie sehr er sich darauf freue, Kinder in die Welt zu setzen und ihnen gegenüber verantwortlich zu sein, und daß er glaube, er könne ihnen viel erzählen. Auf die Frage, wie viele Kinder er denn haben möchte, antwortete er: »So viele bis jemand ›Stop‹ ruft.« Die Titel-Geschichte erschien im Juni 2005. Wenige Wochen später war es aus mit Bradifer. Pitt ist durch das Ticken der Uhr nervös geworden und wechselte die offensichtlich familienuntaugliche Jennifer Aniston gegen die monströs exzentrische Angelina Jolie aus, mit der zwar jeder Sex haben möchte, aber kein vernünftiger Mann Kinder.

Der Tausch tickende Uhr gegen tickende Zeitbombe ist ein Klassiker. Viele Männer verspüren jene Torschlußpanik, die man – eine üble Folge medialen Patriarchats – bisher fälschlicherweise vor allem den Frauen zuschrieb. Ein Ergebnis der Emanzipation ist die Hysterisierung des Mannes: Auf das neue Selbstbewußtsein der Frau reagiert er mit fast femininer Flatterhaftigkeit. Die alte Geradlinigkeit von Männerbiographien, die zwangsläufig zu Kindern und Vorgärten führte, wurde aufgehoben.

Doch scheinbar hat die Evolution diese zivilisatorischen Verschiebungen längst eingepreist. Die Konsumwelt ist zu einer wichtigen Leitplanke für das Familienglück geworden. Da sind zum einen die jungen Narzißten, die das Selbstdesign irgendwann zu so vollen Kleiderschränken führte, daß es ihnen reizvoll erscheint, Baby Air Jordans oder kleine rosarote Mini-Gucci-Loafer zu shoppen. Die eigene Stylesucht wird auf das Kind ausgedehnt. Klingt furchtbar, kann aber glückliche Väter und Kinder produzieren. Ich kenne schöne Beispiele.

Die zweite hedonistische Route zum Familienglück führt über jahrelanges exzessives Reisen, unzählige Umzüge und biographische Brüche zu einer Sehnsucht nach Seßhaftigkeit. Die manifestiert sich zuerst im wachsenden Interesse an schönen Wohnungen und Häusern, dann in einem exponentiell ansteigenden Etat für Interior Design und Kunst. Wenn Jungs Anfang Dreißig große Eßtische und bequeme Sofas kaufen und sich ihr erstes Bild aus einer Galerie an die Wand dübeln, hat ein Umbruch begonnen. Frauen registrieren das sofort. Jungs mit schönen Wohnungen werden ernstgenommen. Jungs mit zu schönen Wohnungen schrecken ab. Zuviel Perfektion, Style und Geld wirken wie eine Donald Judd-Skulptur: bezaubernd – aber es bleibt kein Platz für etwas anderes als den Willen des Künstlers.

Markus marschiert auf die Vierzig zu. Er sieht deutlich jünger aus, obwohl er seit gut acht Jahren als Unternehmer in den USA tätig ist. In New York sucht er fast jeden Sonntag nach Wohnungen und Häusern, in denen Platz für ein oder zwei Kinderzimmer ist. Man darf ihn darauf aber nicht ansprechen – nicht, wenn seine Freundin im Zimmer ist. Ohne Aufsicht verrät der gebürtige Oberbayer gern, daß es jetzt langsam soweit sei. Wie Axel laboriert auch er noch nach Jahren an den Spätfolgen einer gescheiterten großen Liebe. Die große Liebe hat jetzt ein Kind mit einem anderen und ist glücklich.

Deshalb klettert Markus viel, wenn er nicht Tag und Nacht in seinem Büro im Meat District verbringt. Auch Axel kompensiert. »Wenn man sich vaterfähig fühlt, und der Wunsch wird einem verwehrt«, räsoniert er nüchtern, »dann sucht man Kompensation in anderen Bereichen – sei es die Arbeit oder exzessives Freizeitvergnügen.« Seinem Herzensanliegen, Kinder zu haben, bringt ihn das nicht näher.

Keiner der Männer, die sich zu ihrer tickenden Uhr bekennen, will ein alter Vater sein. Die Fotos von Al Pacino mit einem Säugling auf dem Arm erschrecken eher, als daß sie begeistern. »Der Wunsch, einen kleinen Menschen neben mir groß werden zu sehen, ist wohl das Wichtigste in meinem Leben«, bemerkt Axel ruhig. »Als Single ist dieser Traum jedoch noch nicht einmal ›realistisch träumbar‹; und so fangt man an, darüber nachzudenken, daß mit voranschreitendem Alter die Zeit schwindet, die man mit diesem Kind oder diesen Kindern verbringen könnte. Man fragt sich auch, ob überhaupt eine langfristige Bindung mit einer Frau zum Kinderkriegen möglich sein wird. Und dann macht es wieder ganz laut tick-tock.«

Je lauter die Uhr tickt, desto weniger bleibt von romantischen Grunddispositionen. »Ganz klar, ich sehe mir Frauen jetzt anders an«, erklärt Tobias, 42, Mediziner. »Früher folgte ich fast stereotyp meinen erotischen Vorlieben und war dabei ganz glücklich. Heute sehe ich in Frauen die potentiellen Mütter meiner Kinder.« Tobias ist damit keine Ausnahme. Seine Formulierung »meiner Kinder« macht deutlich, wie leicht hier die Frau als Geburtshelferin männlicher Reproduktionswünsche mißbraucht werden kann. Viele Frauen schreckt das ab, andere trauen sich zu, auf dieser Basis ein funktionierendes Familienleben aufzubauen. An Abenden, wo es etwas später wird, rückt Tobias dann damit heraus, was ihn noch bedrückt: »Ich war so ein sinnlos hedonistischer Abräumer. Keine Frau war vor mir sicher, und irgendwie habe ich Angst, daß diese körperliche Routine in mir zu lange zuviel Platz eingenommen hat, um sie für immer zu bannen.« Das Schlimmste sind untreue Väter, wie Tobias sie zuhauf unter den Kollegen im Krankenhaus kennt. Damit will er nichts zu tun haben. Seit kurzem trifft er eine junge Frau, die ihn auch intellektuell fasziniert. »Wenn wir beide Kinder bekommen, bei unseren IQs …« Das entnervte Kopfschütteln seiner Freunde läßt ihn verstummen.

Tobias ist dennoch ein feiner Kerl. Seine beiden Patenkinder versorgt er vorbildlich mit Aufmerksamkeit und Geschenken. Auch nach einer anstrengenden Nachtschicht holt er sie manchmal mit seinem alten Alfa-Cabrio von der Schule ab und geht mit ihnen ein Eis essen. Wenn die knackigen Verkäuferinnen ihm dann für den frechen Jungen oder das schüchterne Mädchen ein Kompliment machen, weiß er nicht, ob er sich als cooler Dad freuen soll oder es schade findet, daß die Verkäuferin es nicht irgendwie auf ihn abgesehen hat. Tobias hat noch einen langen Weg zu gehen. Wie so viele Männer, in denen es tickt, muß er darauf hoffen, daß ihn bald eine patente Frau richtig zu manipulieren weiß.

Männer wie Tobias, Markus oder Axel sind reif für Frauen mit klaren Ansagen. Im Grunde sind sie Narzißten, ihr Kinderwunsch aber kann sie aus der Selbstbespiegelung führen.

Axel muß nicht lange überlegen, wenn man ihn fragt, wie ein Happy End für sein Leben aussehen könnte. »Bald eine Bombenfrau finden, drei Kinder kriegen und mit siebzig auf der Hollywoodschaukel den Enkeln im Garten beim Rumtollen zugucken.«

Einen Abend einsam

Nach dem Streß einer furchtbaren Woche mit Nachtschichten, frühem Aufstehen (samt miesem Kaffee in der Business Lounge) und endlosen Telefonlisten, nach einer Woche voller Ärger mit den Untergebenen und dem Chef, voller Handwerkerrechnungen und Gemeinheiten des Finanzamts verbreitet sich auf dem Weg nach Hause Ferienstimmung. Die Anspannung läßt noch nicht nach, aber sie wächst auch nicht mehr. Sie erstarrt in Verwunderung: Sie ahnt, daß sie den gepeinigten Körper verlassen muß. Im Autoradio läuft Klassik. Ein Klavierkonzert von Claude Debussy. Es ist Vorspiel jener Ruhe, die folgt, sobald die Badewanne eingelassen ist, die Duftkerzen angezündet sind (nicht nur für Frauen und Metrosexuelle) und der Niveaschaum die richtige Temperatur hat. Stille kehrt ein. Die Augenlider werden schwer: Alles fällt von einem ab.

Was hört man in der Stille? Zunächst nichts – nur das Rauschen der vergangenen Stunden und Tage. Die Erinnerung meldet sich anarchisch zurück, weil keine Zeit für sie war. In rasenden Sequenzen ziehen die verheizten Augenblicke vorbei. Die ganz private Wochenschau, geschnitten von dem Regisseur, der sonst für MTV die Werbeclips arrangiert. Die Raserei der Bilder steigert sich, dann plötzlich: Stillstand. Der Monitor surrt nach. Das Plätschern des Wasserhahns ist zu hören, das Gluckern der Heizung. Alles fühlt sich gut an. Die Stille ist unbezahlbar: Wellness für Geizige. Philosophischer ausgedrückt: »Es gibt keine freie Gesellschaft ohne Stille, ohne einen äußeren und inneren Bereich der Einsamkeit, in dem sich individuelle Freiheit entfalten kann.« So meinte zumindest Herbert Marcuse.

Vielleicht können sich Menschen, insbesondere sogenannte Geistesmenschen, nur in der Stille als Hort individueller Freiheit erholen. Deshalb brauchen gestreßte Frauen und Männer zu Hause, egal ob sie zwei oder vier Kinder haben, einen Raum für sich, der für alle anderen Tabu ist. Deshalb kaufen sich Einsame, die eine Familie gründen wollen und genug Geld haben, große Häuser. Nur wenn jeder seinen Platz hat, findet jeder seinen Frieden. Auch in harmonischen Familien muß jeder die Chance auf Einsamkeit besitzen. Sie ist Garant von Würde und Freiheit. Liebe muß die Einsamkeit des anderen zulassen. Es gibt einen innersten Kern des Selbst voller Träume und Sehnsüchte, in die nicht einmal der Partner eingeweiht werden sollte. Liebe wird stabiler, wenn es ständig die Chance auf Stille gibt.

Wirft die Haut an Händen und Füßen Falten, ist es Zeit, das Wasser abzulassen. Die Kerze ist fast ganz heruntergebrannt, der Einsame muß kurz eingeschlafen sein. Leicht benommen torkelt er durch das Bad, wirft einen verträumten Blick in den von Dampf umwölkten Spiegel und läßt sich dann, kaum abgetrocknet, aufs Bett fallen. Es ist nichts zu hören. Selbst die Autos haben Mitleid und fahren leise. Die Augen werden schwer. Noch nicht schlafen; jetzt nur nichts denken. Das Nichts denken. Die große philosophische Grundübung – die Heidegger-Etüde in A-Moll. Konzentriert unkonzentriert werden. Kurz an einen süßen Frauenhintern denken (Frauen und Homosexuelle entsprechend andersherum).

Für manche mag es eine Blumenwiese sein, ein leeres Stadion, auf dessen Rängen nur Tote sitzen. Der Traum beginnt wie eine Schiffahrt durchs tosende Meer erhofften Glücks, gelebten Elends, gesehener Schönheit und erfüllter Hoffnung. Nur Halbschlaf. Nach einer halben Stunde kehrt vorsichtig Ruhe ein. Zeit für das Buch neben dem Bett. Am besten immer dasselbe. Immer derselbe Architekturführer, neben dem WC über Jahre Kafkas »Vorbereitungen einer Hochzeit auf dem Lande«. Immer in dasselbe hineinlesen und -blättern. Die Wiederholung ist das Wesen der Meditation, und die Meditation die kleine Schwester des Nichts.

Es gibt die Abende der Verzweiflung. Marlene Dietrich sang in dem alten Peter Kreuder-Lied davon. »Wenn die Sonne hinter den Dächern versinkt, bin ich mit meiner Sehnsucht allein. Wenn die Kühle in meine Einsamkeit dringt, kommen ins Zimmer Schatten herein ...« Wenn aus der frei gewählten Einsamkeit ein Kerker wird – wenn der Wunsch nach Sozial-, Sexual-, Sprachkontakt nicht oder nur mit größtem Aufwand erfüllt werden kann. Oder, schlimmer noch, wenn die Laune mies ist, die Sehnsüchte verdampft sind, die Frustrationen wachsen.

Schlechte Laune ist für einsame Menschen gefährlich. Viele schlechtgelaunte Menschen meiden die Einsamkeit, weil nur andere Menschen sie von ihrer schlechten Laune befreien können. Diese Menschen sind im höchsten Maße abhängig.

»Einsam« wird als deutsches Wort seit dem Spätmittelalter verwendet, in einer schönen Bedeutung: Ein-sam ist derjenige, der mit sich selbst eins ist. Der in sich ruht. Als solcher war der Einsame im Mittelalter Vorfahr jenes selbstbewußten Subjekts, das in der Aufklärung im Mittelpunkt allen politischen und kulturellen Fortschritts stand. Gleichzeitig war dieser Einsame auch ein Nachkomme der protomodernen Subjekte der Antike: jener Stoiker und Kyniker, für die Glück nicht notwendigerweise die Einigkeit oder Eintracht mit anderen bedeutete. Wichtiger war in der Antike die Harmonie mit dem Universum, der Natur oder dem Göttlichen. Der Schritt zum modernen Einsamen bedeutete nur den Verlust des Glaubens an eine metaphysische, über allem schwebende Größe.

Einsame besitzen eine magische Anziehungskraft auf jene, die sich von morgens bis abends mit Menschen umgeben. Sie sind interessant. Man will sie bekehren: Sie sollen Teil der Gemeinschaft werden.

Einsam auf einer Party – obwohl man alle kennt

Es gehört zu den wundervollsten Momenten im Leben eines Einzelgängers, wenn er sich nach Jahren in der selbstgewählten Isolation den Wellen des Sozialen hingibt und anfängt, auf diesen zu surfen. Über die Köpfe und Haltungen der Mitmenschen hinweg, in einer universalen Drift von Verführung und Charme. Einsam inmitten tanzender Menschen lächelt er allen zu, taucht in die Wogen ihrer Zuneigung ein, überläßt sich ganz der Freiheit des Flirts und der intellektuellen Anziehung.

Er fliegt. Sie fliegt. Sie fliegen. Nur die großen Helden des Nachtlebens bringen soviel Routine mit, daß sie jene Orte allein betreten, die anderen auch nach Jahren des Clubbings Respekt abfordern. Zum Dinner kommt der Einsame zehn Minuten nach der Zeit und bringt immer etwas mit. Wenn er gut gelaunt ist, macht er beim Betreten der Wohnung einen Witz. Er begrüßt die Frauen mit zwei Küssen auf die Wange, schüttelt den Männern die Hand.

Wenn es nicht gut läuft, sieht es so aus: Nach Stunden und Tagen der Einsamkeit ist die Spontaneität verlorengegangen, auf andere Menschen zuzugehen. Wie es einen Zustand der Verschlafenheit gibt, in dem man nur stammelnd auf andere reagieren kann, so kann nach der Isolation die soziale Intelligenz ausfallen. Man ist wie in Watte gepackt, unfähig zu kommunizieren. Flirten, diskutieren, scherzen – dunkel erinnert man sich, daß man das einmal konnte. Man sagt die falschen Dinge zum falschen Zeitpunkt in der denkbar uncharmantesten Art. Wie ein Schauspieler, der seine Einsätze konsequent verpatzt, torpediert der Desozialisierte Gesprächsrunden und Barformationen. Die anderen reagieren zuerst verstört, dann unwirsch, und schließlich folgen die physischen Formen der Abstrafung. Rücken werden zur Abschirmung eingesetzt. Schmerzhafter aber noch: wo auch immer der oder die Einsame auftaucht, erlöschen die Gespräche. Zuerst wird es still, dann machen sich alle aus dem Staub. Nur um sich fünf Meter weiter neu zu sortieren. Manch einer blickt ängstlich über die Schulter, um zu erspähen, ob das Störprogramm einen zweiten Annäherungsversuch wagt.

Jetzt gibt es zwei Optionen. Entweder schweigend den Rückzug vornehmen: einfach zum Ausgang eilen und den Abend beenden; die polnische Verabschiedung. Oder aber, die heldenhafte Variante, einen strategisch günstigen Platz zum Einsamsein suchen und dort Haltung annehmen. Am geschicktesten so, daß man alles überblickt und somit zu verstehen gibt: ich bin nur hier, um mir etwas Überblick zu verschaffen. Dabei kann man mit Augenzwinkern, Zuprosten, ostentativ guter Laune den Eindruck erwecken, man amüsiere sich prächtig. Die Gesichtszüge sollten dazu tendenziell entspannt und »easy« daherkommen. Dabei hilft oft ein Bier (bei Jungs und Männern), ein Glas Rotwein (bei Mädchen und Frauen) oder ein Joint (bei schweren Autisten).

Einsame Mädchen und Frauen gehen zu zweit aus. Oder sie haben sogenannte Ausputzer als Freunde, neudeutsch Walker genannt. Im Februar 2002 entdeckte auch die Wochenzeitung »Die Zeit« den Walker als »herrschende Figur unserer Gesellschaft.« Einst war er nur der zumeist homosexuelle Begleiter einer bezaubernden Frau, eine Art »wandelnder Paravent, hinter dem die Frau geschützt war« vor den Anfeindungen der aggressiv lüsternen Männerwelt. Was »Die Zeit« überrascht: zu Beginn des 21. Jahrhunderts haben auch die Männer solche Unterstützer.

»Der Walker kümmert sich darum, daß der Star mit good vibes versorgt wird; er leiht seinem Herrn das Ohr, gibt ihm Feuer ...«. So etwas gibt es auch im Leben der Nichtprominenten. Der Walker ist Begleitung, läßt seinen Herrn oder seine Herrin aber dennoch einsam. »Vielleicht ist in unserer postsexuellen Zeit der Walker der wahre Erotiker, ein Long-Distance-Lover, der das begehrte Objekt am meisten für die Fersen liebt, an die er sich heften darf«, vermutet »Die Zeit«. In »Sex and the City« nennt Carrie Bradshaw die schwule Begleitung »das Sicherheitsnetz aller einsamen Frauen«.

Nie erlebt der Mensch sich einsamer als in Anwesenheit eines anderen: in einer vermeintlich sozialen Situation. Mit dem Walker als menschlichem Accessoire fühlt man sich besonders eindrücklich alleine. Die Einsamkeit erfährt auch durch das direkte Gegenüber keine Bedrohung.

Alleine ausgehen ist die hohe Schule des Nachtlebens. Es de-routiniert das Ausgehen und macht es ein wenig abenteuerlich. Das Wissen, auf der Party oder im Club Freunde zu treffen, mindert das Abenteuer, schmälert aber keineswegs die Unabhängigkeit. »Mit wem bist du da?« gehört zum klassischen Repertoire der Kennenlern-Fragen nach dem ersten Augenkontakt. »Mit niemandem«, grinsend vorgetragen, wirkt sofort einnehmend – ein elegantes Denunzieren des Einsiedlertums, bei dem der gestreckte Zeigefinger in das eigene Gesicht weist. Man muß natürlich selbstbewußt wirken. Wer sich dafür schämt, allein dazusein, profitiert zwar immer noch vom Mut, es gewagt zu haben, gibt aber zu erkennen, daß er nicht glücklich damit ist.

Doch zurück zu den Freunden. Die sind die wichtigste Unterstützung. Wenn man alleine an der Tanzfläche steht, macht es sich gut, wenn ab und an eine süße Frau oder ein cooler Typ ein Bier, einen Vodka Redbull oder ein Evian vorbeibringt. Für den Einzelgänger bilden die Gruppen von Freunden wichtige Rückzugspunkte auf ihren Eroberungsfeldzügen. Frauen benutzen ihre Freunde auch als Erkundungssatelliten, um niedliche Jungs und Männer auszuchecken.

Sensible und poetische Einsame erleben Risse im sozialen Netz beim Feiern besonders heftig. Axel erinnert sich an einen Moment im Kölner Karneval: »Es war Weiberfastnacht, ich war mit meiner Gang unterwegs, und wir standen im Kurfürstenhof bei Kölsch und Schunkelmusik. Nach kurzer Zeit mingelten sich meine Freunde mit anderen Jecken, ich jedoch blieb an der Theke zurück und war plötzlich völlig allein, obwohl um mich herum Hunderte glücklich feierten. In dem Moment war ich abgegrenzt von der Welt, obwohl ich es nicht wollte, und in solchen Momenten ist Einsamkeit schwerer zu ertragen, weil sie einen unvorbereitet überfällt.«

Einsam auf einer Party – wo man niemanden kennt

Beim ersten Mal eine Art Prüfung. Danach eine der wichtigsten Trainingseinheiten für künftig glückliche Einsame. Voller Klippen und Fallen, wie ein Marsch durch unwegsames Gelände, aber mit noch mehr Chancen, zu brillieren und Unsicherheiten zu überwinden. Alleine auf einer Party aufzutauchen, wo sich alle anderen kennen, erfordert Mut, der aber, so darf man sagen, in der Regel schon dadurch belohnt wird, daß die in Grüppchen verklumpten anderen Besucher plötzlich ihre soziale Ader als unoriginell oder als Schwäche empfinden. Jungs fragen sich erst einmal zum Kühlschrank oder der eisgefüllten Badewanne durch und genehmigen sich ein Bier; Mädchen nehmen ein Glas Wein und smsen ihrer besten Freundin, was geht. Und was nicht.

Mädchen sind nie länger als 120 Sekunden alleine. Dann wagt ein Mann sein Glück. Nach dem dritten Vollidioten verlassen Mädchen vornehm schmunzelnd die Party und ziehen weiter. Jungs sind in jedem Fall 120 Sekunden alleine. Manchmal auch gute zehn Minuten: in dieser Zeit entscheiden sie sich, ob sie ihre Fangnetze nach Girls auswerfen oder Smalltalk machen, ob sie sich umsonst satt essen oder betrinken oder ob sie ihren unverdauten Gedankenmüll den diskussionsfreudigen Brillenträgern unterbreiten, in der Hoffnung, daß die den Job übernehmen, für den sich ihre eigene Großhirnrinde zu schade geworden ist. Ungares Zeug provokant vortragen und dabei ernst dreinblicken, während man sich schieflachen möchte, entspannt und die geistigen Verdauungsorgane schont. In den seltensten Fällen wird der Mist dadurch wertvoller. Das ist keine Arroganz, sondern nur die pointierteste Parodie auf jede Form von Kommunikation: Ein Gespräch führen heißt bestenfalls, jeder hilft dem anderen auf die Sprünge. Nur wurde Einsamen schon länger von niemandem auf die Sprünge geholfen, weshalb sie mehr Ballast mit sich herumtragen.

Vor einem Dinner, bei dem er keinen der Eingeladenen kennt, freut der Einsame sich auf die unerwarteten Begegnungen. Nur noch sehr selten ist er nervös: eigentlich nur dann, wenn es in ein fremdes Milieu geht. Zum Beispiel zu Juristen oder Medizinern oder dem entfernt bekannten Biologen samt seiner seltsamen Clique. Oder zu den Asozialen aus dem Nebenhaus, die ihn einladen, weil er ihnen an der Supermarktkasse mit zehn Euro ausgeholfen hat.

Auf der Treppe überlegt er noch einmal, ob ihn irgend etwas interessieren könnte heute abend. Vielleicht ist ein interessanter Mensch dabei. Einer, der was weiß und lustig ist. Frauen hoffen immer, ihren Traumprinzen zu treffen. Essen, bei denen sie nicht darauf warten, sind reine Mädchendinners.

Ein schauerlicher Moment im Leben jedes Partygängers ist, wenn er realisiert, daß die Zeit, in der Partys dem Leben Sinn und Struktur gaben, langsam ausläuft. Wenn die Frequenz, mit der er Clubs besucht, deutlich sinkt und er mehr und mehr Stunden mit klassischer Musik zu Hause verbringt, ahnt der Einsame, daß er sich neu orientieren muß. Auch die großartige Vorstellung, jede Party sei eine Art Swingerclub ohne Schnauzbärte, Faber-Sekt und Reißverschluß-Latex-Bodies, löst sich irgendwann auf. Nirgendwo war man als Single, einsam wie die Nacht finster, kontaktfreudiger und -fähiger als in den Clubs dieser Welt. Von Stuttgart bis Hamburg, von Berlin bis zum Bodensee. Gerne auch als Rave-Tourist auf Goa und Ibiza, in New York, London oder Manchester. Da ging vielen Ravern in Jahren voller Sven-Väth-Nächte und Ecstasy gar nicht auf, daß sie die ganze Zeit mehr als einsam waren. Sie hatten Sex, sie redeten mit vielen Menschen, sie ließen sich gemeinsam mit Thilo und Fredi, mit Johnny und Wummi tätowieren, wurden in Cabrios mitgenommen und schliefen in Hotelzimmern von Rave-Bekanntschaften, die sie nach dieser Nacht nie mehr wiedersehen sollten. Oder zumindest nicht erkannten, wenn sie mit einer Federboa um den Kopf auf der Love-Parade an ihnen vorbeihüpften.

Richtig schlimm sei, alleine auf Hochzeiten zu gehen, erklären hübsche Frauen. Auf Hochzeiten wird die Zweisamkeit bejubelt. Dafür ist man schließlich da. Am liebsten würden die Brautleute nur Paare einladen. Dieses Gefühl hat zumindest Sonja, 28. Und wenn Singles, dann wenigstens keine glücklichen. Auf Hochzeiten, so Sonja, werde man gefragt, wann es denn endlich bei einem selbst soweit sei – begleitet von einem mitleidigen Blick à la

»das wird bei dir schon auch noch was«, wofür es nun wirklich keinen Grund gebe. Alle wollten einem das Gefühl vermitteln, man wäre nur eine unvollständige Hälfte. Zum Beispiel mit so wundervollen Spielen wie dem Brautstrauß-Fangen. Manche Freunde halten es gar für eine tolle Idee, einem gleich einen passenden Single als Tischnachbarn zur Verfügung zu stellen. Das wäre ja so schön, wenn sich auch noch die Freunde ineinander verliebten. Und tatsächlich fühlen sich heiratswillige Single-Männer oft extrem ermutigt. Da kann man nicht mal »Nein danke« sagen, schließlich muß man noch vier Stunden nebeneinandersitzen und sollte höfliche Konversation betreiben. »Ich bin auf Hochzeiten schon echt genervt worden«, erinnert sich Sonja. Am schlimmsten war eine Hochzeit am Bodensee. Alle Paare wurden getrennt und die Tischnachbarn gemischt. Unterhielt man sich dann als Single gut mit seinem Nachbarn, erzählt Sonja amüsiert, dauerte es keine fünf Minuten, bis sich mit drohendem Blick seine Freundin, Verlobte oder Frau vorstellte. Man stand den ganzen Abend unter Beobachtung und sollte sich bloß nicht zu sehr amüsieren. Nach dem Essen trafen sich die fünf gefährlichen Single-Frauen an der Bar und kippten Wodkas zur Entspannung. Selbst vom Tanzen mit dem Bräutigam wurde Sonja abgehalten – durch eifrige Freundinnen der Braut, die immer sofort ablösten. Gutaussehende Single-Frauen wie Sonja werden auf einer Hochzeit wie eine potentielle Gefahrenquelle behandelt.

Einsam beim Sex

Nie fühlt ein Mensch sich einsamer als beim Sex mit jemandem, den er nicht liebt. Männer befinden sich nach dem Orgasmus in einem kühlen Glückszustand; selig registrieren sie das Abflauen der sexuellen Anspannung, das Verklingen der Endorphine im Körper und mustern voller Ruhe und Distanz das Antlitz, mit dem sie jenen Moment absoluter Intimität teilten. Einsame Männer, die Jahre ohne Frau oder Freundin gelebt haben, erschrecken über die unvergleichliche Intensität von Sex, wenn ihr Herz wieder beginnt, für jemanden zu schlagen. Die anderen, Nicht-Erlösten, mustern je nach Spaßfaktor das Gesicht neben sich wohlwollend oder erschüttert. Je nach Kategorie Frau, die sie beglücken durften oder von der sie beglückt wurden, schwören sie sich, mit so etwas aufzuhören, oder hoffen, beim nächsten Mal wieder so viel Glück zu haben.

Bei Frauen ist das etwas anders. Übereinstimmend fast berichten sie, daß sie ihre One-Night-Stands und Affären weit weniger romantisch verklären als Männer sich das gemeinhin vorstellen wollen. Beim gezielten Sex ohne Liebe geht es um Handfestes. »Ulf, auch wenn du es nicht hören willst«, bemerkte eine gute Freundin, »wir wollen dann einfach gut gef***t werden. Und ein Typ, der uns dabei enttäuscht, kommt auf die schwarze Liste.« Als ich nachfrage, wie es mit jenen sei, die sich im Bett ganz gut schlagen, wird die toughe Freundin leiser und vorsichtiger. »Da, das gebe ich zu, haben wir einen ganz schwachen Punkt.« Dann bestehe durchaus die Gefahr, sich zu verlieben.

Dennoch: das Klischee vom schwachen Geschlecht, das sich im Single-Dschungel als Lämmchen zwischen männlichen Raubtieren durchschlagen muß, gehört der Vergangenheit an. Als Ergebnis der Emanzipation verfügen Frauen über Strategien sexueller Befriedigung, die abseits überkommener Vorstellungen liegen. Weder als Schlampe noch als Liebe suchendes, potentielles Hausmütterchen operieren sie zwischen den oft deutlich unterleibsgesteuerten Männern, sondern als abwägende Strateginnen, die wissen, was ihnen bekommt und was nicht. »Ein Klischee stimmt«, erklärt eine der erfahrensten Frauen in dieser Welt, »wenn wir wollen, können wir immer Sex haben. Bei Männern ist das schwieriger, vermute ich.« Ganz und gar nicht, möchte man antworten, wäre dann aber einmal mehr Gefangener eigener Eitelkeit.

Die Freundin hat recht: Frauen gewähren Sex. Sie sitzen – um ein völlig unpassendes Bild zu bemühen – am längeren Hebel und lernen zunehmend, dieses Privileg zu genießen. Sie wissen aber auch, daß die fast unbegrenzten Möglichkeiten Gefahren bergen.

Ann-Christine hatte mit 24 Jahren ihre zweite große Liebe hinter sich. Sie war ein bezauberndes, eher zu hübsches Mädchen aus gutem Haus, zwischen Bergen und Golfclubs in Österreich aufgewachsen. Ihren ersten Freund hatte sie mit 16. Er war ein wenig der große Bruder, den sie sich immer gewünscht hatte. Er machte sie glücklicher als je ein Mensch zuvor – und trieb sie mit 19 an den Rand des Wahnsinns, als er ihr erklärte, daß er sich verliebt hatte: in einen Kommilitonen. Nach einem Jahr der Trauer und großen sexuellen Verunsicherung, die sie zu einer Art Nonne werden ließ, trat ein muskulöser, weltläufiger Fluglehrer in ihr Leben, der all ihre Verletzungen heilte. Ann-Christine tankte Stolz und Zuversicht. Bis sie eines Abends ihren Freund, der auch schon von Verlobung gesprochen hatte, unangekündigt von seiner Flugschule abholen wollte. Sie erinnert sich gut an die knochige Hand voller billiger Ringe auf dem knackigen Hintern ihres Freundes. »Das war doch mein Hintern«, dachte sie noch. Sie sah den verzückten Gesichtsausdruck ihres Freundes beim innigen Küssen mit der Fremden. Der Parkplatz lag in der Dämmerung, und so konnte Ann-Christine dem schauerlichen Spektakel noch einige Momente beiwohnen, ohne entdeckt zu werden. Sie sah, daß die Frau älter war als sie, weniger hübsch und deutlich unfeiner. Und sie sah, wie es ihrem Freund, nun Ex-Freund, gefiel.

Sie verließ die Stadt, das Land und zog nach Paris. Studierte dort weiter und entdeckte ein Sexleben, dessen Amoral sie erst verstörte, dann faszinierte, schließlich süchtig werden ließ. Sie glaubte, ihr gebrochenes Herz mit Promiskuität heilen zu können. »Ich vögelte mich durch mein ganzes Semester, gab mich den Professoren ebenso hin wie dem Concierge, dem Skilehrer wie dem blutjungen Skischüler.« Es war ein Rausch. Er währte gut zwei

Jahre. Danach war sie um fünf Jahre gealtert. Sie hatte immer seltener einen Orgasmus und träumte schlecht. Sie war sich selbst nicht mehr genug. Sie sehnte sich nach Liebe und war doch nur fähig, Sex zu geben. Sie war einsamer denn je. Sie zog von Paris nach Frankfurt und beendete dort ihr Studium. Sie war auf Sexentzug. Aber immer wieder holte sie ihr Vorleben ein. Aus dem feinen, hübschen Mädchen war eine harte Frau mit etwas gewöhnlichen Zügen um die Mundwinkel geworden. Ann-Christine sah aus wie eine jener Frauen, die sie nie hatte sein wollen. Und das mit Ende Zwanzig.

Während sie am Anfang einsam sein wollte, blieb sie es am Ende aus Verzweiflung. Zwischen ihr und dem Glück mit einem »guten« Mann, so wie sie ihn sich vorstellte, reif, erfahren, ausgeglichen und zärtlich, stand ihr Vorleben. Die Dutzende sinnlosen, lieblosen Akte, die sie von ihrer Empfindsamkeit trennen sollten, die aber diese Empfindsamkeit nur beschmutzten, ohne sie zu rauben. »Ich war eine Schlampe, eine von der traurigsten Sorte«, erklärt sie rückblickend. »Manchmal konnte ich nichts mehr trinken, weil ich das Gefühl hatte, alles schmeckt nach Sperma.« Ann-Christine ging in Therapie. Dort traf sie auf erstaunlich viele Frauen mit einer ähnlichen Geschichte: Opfer, denen das Herz gebrochen worden war und die sich mutig am Schicksal rächen wollten, wobei sie sich das Rückgrat brachen.

Nach zwei Jahren Therapie geht es Ann-Christine jetzt deutlich besser. Seit vier Monaten hat sie einen Freund.

Sie hat ihm von Anfang an die Wahrheit erzählt, und er hat sie nicht fallen lassen. Danach liebte sie ihn noch mehr. Ihr erster Sex war gut. Ann-Christine konnte sich nicht erinnern, wie es war, mit jemandem zu schlafen, den man liebt. Sie weinte. Aber erst, als Thorsten unter der Dusche stand. Sie weinte vor Glück und vor Entsetzen, sie wußte in jenem Moment, was sie sich angetan hatte. Sie war ihr eigenes Opfer geworden.

Es sind Sehnsüchte, die Einsamkeit vor allem produzieren. Sie funktionieren wie Ampullen, die sich der Sehn-Süchtige so lange injiziert, bis sie leer sind. Das Aufbrauchen von Sehnsüchten geschieht schnell und unbeherrscht: Es verdunkelt das Gefühl für das Reale. Die Euphorie der Sehnsüchte ist ebenso suchterzeugend wie die Rücksichtslosigkeit, mit der Ungebundene ihre freie Zeit verplanen – nicht ahnend, daß sie in ihrer Entschlossenheit, frei und ungebunden zu bleiben, maximale Unfreiheit hinnehmen müssen. In »Frühstück bei Tiffany« gelingt Holly Golightly, gespielt von Audrey Hepburn, die Wende im letzten Augenblick. Sie bricht aus dem goldenen Käfig, den ihr Freiheitsdrang konstruierte, aus und wird frei, indem sie sich bindet.

Über Onanie zu sprechen ist geschmacklos. In diesem Buch muß man es tun. Ich werde jetzt ein wenig theoretisch. Wer ordinäres Zeug erwartet, muß weiterblättern.

Die unterschiedliche Veranlagung von Mann und Frau beim Empfinden und Genießen von Sexualität ist ein Resultat der Evolution, das besonders nachhaltig Einsamkeit produziert. Slavoj Zizek, der schlaue slowenische Philosoph und Psychologe, erklärte in bester Tradition seines psychoanalytischen Übervaters Lacan, der Koitus sei Masturbation mit einem realen Partner. In der Regel: Ausnahmen werden nicht ausgeschlossen. Aber sie sind außerordentlich unwahrscheinlich. Jeder fährt seinen eigenen Film, und so ist jener Moment absoluter Zweisamkeit gleichzeitig eine fundamentale Erfahrung der Vereinsamung.

Fast jeder phantasiert selbst beim Sex mit seiner großen Liebe auch von anderen und anderem. Das ist normal und wenig erschreckend; es gibt keinen Sex ohne Träume. Das authentische Fleisch wird in einer Art symphonischer Komposition mit alten und neuen Phantasien verschmolzen. Die Geilheit wächst im Verschmelzen. Die im Bewußtsein abgespeicherten Bilder ersehnter, erlebter, erduldeter Lust sind der dritte Anwesende (geht man davon aus, daß Sex in der Regel von zweien vollzogen wird). Das Phantasma führt Regie über die Realität: Die eigenen Wünsche definieren den Akt mehr als der Bezug zum Gegenüber. Deshalb sind auch glückliche Paare beim Sex sehr häufig von eisiger Einsamkeit umgeben.

Frauenzeitschriften, Hollywoodfilme und postkoitaler Alltag strapazieren das Sehnen nach dem »gemeinsamen Kommen«, doch der Orgasmus manifestiert Zerrissenheit und Individualität mehr als Verbindung. Streicheleinheiten, Vor- und Nachspiel, sollen kaschieren, was jeder Ehealltag als Gewißheit etabliert: niemand kommt gemeinsam, niemand geht gemeinsam. Wir tun einfach nur so, als ob es so sein könnte. Diese Hoffnung ist Romantik.

Die schönste Einsamkeit ist die Einsamkeit direkt nach dem Orgasmus. Man riecht, spürt, hört, sieht den anderen und ist doch ganz aus seiner Welt verschwunden. Die eisige Kühle zwischen den eben noch so erhitzten Körpern ist nur für junge Menschen ein Schock. Ältere Frauen und Männer haben sich daran gewöhnt. Sie empfinden die Dissonanz zwischen Intimität und Anonymität als Würze ihrer sozialen und sexuellen Routine. Die Zigarette danach begleitet das Sammeln der Sinne und das gleichzeitige Abkühlen der Lust.

Viele Einsame erschrecken über sich selbst, wenn es sie in jenen ersten Sekunden nach dem Orgasmus mit der Geschwindigkeit einer Challenger-Rakete vom Seelenband zum gerade Geliebten wegreißt. Sie schließen die Augen und sehen sich von dem beschlafenen Fleisch wegtaumeln, in jenes Reich, wo alles stört, was nicht selbst arrangiert ist. Der Traum vieler glücklich Einsamer: für ein paar Minuten einschlafen und beim Aufwachen ist der oder die andere weg.

Einsamkeit ist bei vielen Menschen das Resultat einer Übersensibilität. Sowohl primäre wie sekundäre Geschlechtsteile sind in ihrer fleischlichen Authentizität, ihrer Faktenhaftigkeit und Obszönität für Feinsinnige eine Zumutung. Sie brauchen mitunter Tage, um die Heftigkeit der Eindrücke zu Verarbeiten. Deshalb fliehen sie postkoital in die Einsamkeit.

Wer als Frau einsam war und dann auf ein erigiertes männliches Geschlechtsteil stößt, braucht viel Zeit für sich, um den Anblick zu verarbeiten: zu verdrängen, vergessen, verklären, verzieren. Männern geht es mitunter nicht anders: Sie wirken hartgesottener, aber sie sind es nicht. Im Gegenteil: der Einzelgänger sinniert seinen Abenteuern, Affären und Beziehungen hemmungslos hinterher. Er überführt sie allesamt in sein Reich der Träume, so wie Kleinbürger ihre Urlaubsdias und Super-Acht-Filme am Ende ihres Lebens in ein großes Video- und DVD-Archiv überführen. Die sexuelle Realität gefährdet mit jedem Koitus die sexuellen Phantasien.

Der große französische Philosoph Roland Barthes verbringt sein Leben in der Nähe von Strichjungen. In Marokko vergnügt er sich mit kleinen Jungs und abgetakelten jungen Männern. In Paris läßt er sich, mit 64 einer der Alten, von seiner Einsamkeit gepeinigt von Café zu Café treiben, von Bar zu Bar, um schließlich in einem Pornokino zu landen: »Wie immer jämmerlich«, schreibt er, »und diesmal vielleicht noch mehr. Ich mag nicht einmal meinen Nachbarn anmachen, obwohl das zweifellos möglich ist (die idiotische Angst, abgewiesen zu werden). Abstieg in die Dunkelkammer; hinterher bedauere ich diese schäbige Episode immer, der ich jedesmal wieder die Bestätigung meiner Verlassenheit entnehme.« Ein halbes Jahr später stirbt Barthes. Der einsame große Mann der postmodernen Philosophie wird – unachtsam wie er war – von einem Auto überfahren.

Onanie ist das Schicksal konsequenter Einsamkeit. Die eigene Einsamkeit, ihr großer Luxus wie ihre Ärmlichkeit, wird im Akt der Selbstbefriedigung greifbar. Die Möglichkeit, sich selbst Lust zu verschaffen, entschärft den animalischen Kern jener Sucht, Nähe zu anderen herzustellen. Der Sog der Sexualität, der diese Nähe schafft – und dabei oft genug Unheil stiftet – hat weniger Kraft. Selbstbefriedigung reduziert den Druck, Nähe zu suchen. Niemand muß so wahnsinnig sein, eine Beziehung nur für den ständig verfügbaren Sexualkontakt zu pflegen. Nicht einmal die Erniedrigung einer Verführ- bzw. Aufreiß-Existenz muß man ertragen: keine Beerdigung des Stolzes, kein Leid durch Verstoßenwerden, die Selbstbefriedigung löst im Handumdrehen alle Probleme.

Immanuel Kant, der keusche Hyperprotestant, sah in der Onanie vor allem eine weichliche Hingabe an tierische Reize, ein Zeichen moralischer Schwäche. Der Einzelgänger Kant, der in Königsberg trotzdem als Charmeur und Salonlöwe triumphierte, wollte Einsamkeit als etwas Heroisches verstanden wissen. Keine wollüstige Selbstschändung sollte sie in ihrer radikalen Tendenz abschwächen. Im Laufe des 18. Jahrhunderts tauchten eine Reihe vermeintlich aufklärerischer Werke von Medizinern auf, die belegen sollten, wie schädlich für Gesundheit und Seelenleben die Masturbation sei. Die braven Bürger zwangen ihre Töchter und Söhne in onanierfeindliche Handschuhe oder legten quälende Bandagen um das männliche Geschlechtsteil. Der amerikanische Historiker Thomas Laqueur, der ein sehr kluges Buch zur Geschichte des »solitary sex« geschrieben hat, nennt verschiedene Gründe für die gesellschaftliche Tabuisierung der Onanie. Zum einen handelt es sich um eine asoziale Lustbefriedigung: ihre die Gemeinschaft abweisende Natur mußte einer sich gerade formierenden bürgerlichen Gesellschaft als Bedrohung erscheinen. Als einsames Laster blieb die Onanie jeder gesellschaftlichen Kontrolle entzogen. Das bürgerliche Subjekt war in ihr so frei wie verloren. Außerdem bedroht die Möglichkeit zur Maßlosigkeit, zum sexuellen Marathon, Sitte und Anstand – also das Rückgrat jener bürgerlichen Welt. Der Wichser stellte eine Form des Individualismus dar, die als krankhaft und zerstörerisch für das Gemeinwesen empfunden wurde. Und dies zu einem Zeitpunkt, als niemand die Leitbilder der Familie in Frage stellte.

Einsam im Bett

Viele ungewollt einsame Menschen neigen zu Schlaflosigkeit. Damit beginnt ein Teufelskreis. Unausgeschlafenheit schwächt den Organismus und die Psyche und macht den Einzelgänger noch mürrischer. Er wälzt sich im Bett von einer Seite zur anderen, phantasiert wild vom Glück der Zweisamkeit, um sich gleich danach wieder vor der Nähe eines anderen Menschen zu fürchten. Die schlaflosen Einsamen sind die traurigsten Gestalten: Sie bekommen mit der Zeit lange, triste Gesichter mit riesigen, schwarz unterlaufenen Tränensäcken und melancholischen Falten, die sich von den Nasenflügeln bis zum Kinn hinunterziehen. Die Partie um die Mundwinkel wird zuerst, so bis 35, spöttisch, ab vierzig dann ernst und verbittert. Kein schöner Anblick, und schon gar keine Einladung, einen solchen Menschen aus dem Käfig seiner Vereinzelung zu befreien.

Forscher haben herausgefunden, daß Schlafmangel bei Jugendlichen eine der Hauptursachen für Depressionen ist. No future ist demnach das Resultat von abends zu lange aufbleiben und morgens zeitig aus dem Bett müssen. Schlafarmut raubt Kräfte. Die Menschen fühlen sich wie Ski-Anfänger, die durch Tiefschnee fahren müssen und denen die Kraft zum Steuern fehlt. Kontrolle erfordert Kraft und Kondition – gerade im Umgang mit anderen Menschen.

Nachts um halb vier, um zehn vor fünf, um kurz vor sechs sitzt der Einsame auf dem Wannenrand und starrt entgeistert in den Spiegel. Er fragt sich, warum ihm der Segen des Schlafes versagt bleibt. Er spürt das Ziehen der Kopfschmerzen, die ihn den ganzen Tag verfolgen werden. Alles wird weh tun. Er wünscht, jemand würde ihn lieben. Er blickt aus dem Fenster auf die in tiefes Schwarz getauchte Straße; keine Menschenseele ist mehr unterwegs. Er ist alleine: alleine wach. Keine Frau streichelt ihm den Rücken, niemand redet ihm zu, daß alles gut werden wird. Er glaubt sich selbst nichts mehr. Er verflucht sich. Er schlägt mit beiden Fäusten auf die Bettdecke. Er sitzt jaulend auf dem Klo. Er will keine Tablette mehr einwerfen: er hat Angst, süchtig zu werden. Er hat drei genommen, mehr will er nicht. Er will nicht einsam, schlaflos und tablettenabhängig sein.

Er steht wieder vor dem Spiegel. Er mustert sich enttäuscht. Seine Augen haben allen Glanz verloren: Er ist auf dem besten Weg, eine graue Erscheinung zu werden. Er wird jetzt den Notarzt anrufen, und der wird ihn müde spritzen. Er schämt sich. Aber vielleicht ist das alles Zeichen einer Verrücktheit seiner Existenz: eines Nicht-am-Platz-Seins der Dinge, die Glück versprechen. Womöglich lebt er mit den falschen Menschen am falschen Ort. Ein weiser, alter Mann hat einmal erklärt, es komme im Leben nur auf zwei Dinge an: einen Ort zu finden, an dem man sein will, und jemanden, mit dem man dort sein will. Das klingt ein wenig nach Western, ist aber die zentrale Wahrheit großen Glücks. Viele Einsame warten auf den Moment, wo sie diesen Ort finden; und haben sie ihn gefunden, können Jahre ins Land gehen, bis jemand auftaucht, mit dem sie dort bleiben wollen. Dann aber könnte das große Glück blühen. Dann beginnt die Monotonie im Paradies, die viele Ex-Einsame wieder rückfällig werden läßt, ihre Trennungsenergie beflügelt. Irgendwann brechen sie aus. Ist doch die Sehnsucht und die Lust des Suchens wichtiger als das Finden und das Ausleben der Sehnsucht.

Glückliche Einsame schlafen wie Engel. Sie liegen auf dem Rücken und haben die Arme von sich gestreckt. Sie geben ein Bild absoluten Friedens ab. Sie fürchten nichts. Im Gegenteil, sie spüren, wie sie in der Vereinzelung Kraft tanken. Tendenziell Einsame atmen erleichtert auf, wenn der Besuch aus der Wohnung verschwindet. Auch wenn die Freundin oder der Freund heiß geliebt sind, ist der Moment absoluter Stille im Schlafzimmer mit keinem Gold dieser Erde zu bezahlen. Mit der Stille kommt die Weisheit und dann die Ruhe, acht Stunden so zu schlafen, daß die Haut am Morgen wie nach einer Beautykur aussieht.

Am Morgen ist alles gut. Werden alle Karten neu gemischt. Ist alles möglich. Der Ausgeschlafene ist ein potentieller Held. Er kann als Bettler aufstehen und als Prinz zu Bett gehen. Alleine im Bad, klassische Musik, Cremes, Outfit. Ein freier Tag? Ein Gottesgeschenk. Und dann noch ein wenig Sonne.

Jeder Morgen birgt die Chance, daß alles anders wird. Daß die Einsamkeit endet. Gelassen hält die Einsame es für möglich, daß ihr schon heute ein Mann begegnet, der alles ändert. Oder der Einsame, daß ihm ein Wunder die erlösende Prinzessin serviert. Je zufriedener die Einsame mit ihrem Leben ist, um so unbekümmerter stolpert sie in den neuen Tag. Sie kennt das Glück, in den Armen eines anderen Menschen aufzuwachen, sie weiß von den Gefühlen, die jene intime Vertrautheit produziert, sie erinnert sich an die warme Kraft, die ihr ein Lächeln am Morgen schenkt. Dieser eine Blick, wenn sie das erste Mal in den erwachenden Tag blinzelt. Im Schleier des Aufwachens den ruhigen Atem des Geliebten zu spüren, versüßt alles. Nicht-Einsame können sich gar nicht vorstellen, anders glücklich zu werden.

Die Einsame aber genießt den Frieden. Sie hat in der Nacht ungestört – ohne Stöhnen, Wälzen, Knirschen, Zucken, Schwitzen, Klammern –alle REM-Phasen durchlebt. Sie blickt durch das Fenster und sieht die Sonne strahlen und freut sich auf einen schönen Tag. Ihn mit jemandem zu teilen ist keine Schreckensvorstellung, aber auch keine Bedingung, um mit sich glücklich zu werden. Vielleicht legt sie sich noch mal hin. Schlummert noch einmal zwanzig Minuten. Läßt dann die Badewanne ein. Später kommen Freunde. Oder sie geht alleine ins Museum.

Viele Frauen sehen das anders. Eine attraktive Single-Frau, Ende Zwanzig, stöhnt jeden Morgen bei dem Gedanken: »Und gleich wachen alle wieder gemeinsam auf, nur ich liege allein im Bett.« Die Fixierung auf den anderen, insbesondere im Bett, hat mit vielen schönen Erfahrungen von Zweisamkeit zu tun. Das ist positiv. Dramatisch wird es nur, wenn das Gefühl von Verlust dominiert. Wer sicher und lange auf zwei Beinen stehen will, sollte sowohl Spiel- als auch Standbein einzeln trainieren.

Denn das Bett als Dingsymbol der Zweisamkeit hat sich überlebt. Selbst Paartherapeuten empfehlen die Trennung der Schlafzimmer, um verkantete Ehen und Beziehungen wieder zu revitalisieren. Jedem gehören die Träume der Nacht, jeder hat ein Recht auf den Wunsch, sich ganz bei sich zu wissen in diesen dunklen Momenten, ohne Geräusche und Gerüche, die nicht von ihm selber stammen. Das Ich in der Echolotkammer der Selbstversicherung.

Tagelang einsam

»Alles kann man sich in der Einsamkeit aneignen, außer Charakter«, schreibt Henri Stendhal und hat recht. Einsam wird man kein besserer Mensch. Man lernt nur außerordentlich schnell, wie anstrengend es ist, langweilig zu sein. Ist man bei sich, lernt man sich besser kennen, als es einem mitunter lieb sein kann. Auf dem Sofa sitzend, erkennt der Einsame, wer er ist. In den liebenswertesten Filmen erscheinen die sympathischen Helden – Einzelgänger und Autisten, Außenseiter und Verlassene – nur ihrer Umwelt als uninteressante, graue Mäuse: In Wahrheit, und das zeigen die Filme wie eine geheimnisvolle Welt unter dem Mikroskop, sind sie charmante, selbstironische Zeitgenossen, die jeden Menschen beglücken, der in ihren Kosmos eintauchen darf. Sie sind lustig, sie sind gut gelaunt, ihr Sarkasmus wirkt befreiend. Sie haben mit ihrer Verlassenheit Frieden geschlossen. Die Poesie jener Helden zeigt sich, wenn sie pointierte Selbstgespräche führen. Am Ende des Films sind sie meist nicht mehr allein, weil sie jemanden gefunden haben, der ihre Spleens liebt wie sich selbst.

Aber: sie werden nur geliebt, weil sie in ihrer Einsamkeit zu dem wurden, was sie immer sein wollten. Weil sie ganz sie selbst sind. In einer Welt fortschreitender Entindividualisierung eine Rarität.

»Einsamkeit«, schrieb Hermann Hesse, »ist der Weg, auf dem das Schicksal den Menschen zu sich selbst führen will.« Einsamkeit ist das Stadium, in dem sich zeigt, aus welchem Holz jemand geschnitzt ist. Einsamkeit ist eine Trutzburg gegen die Anpassung.

Wer anfängt, einsam zu sein, weiß noch nichts mit sich anzufangen. Er ist einsam, weil er muß. Er paßt nicht mehr zu anderen. Nach einem Umzug ist er ohne Freunde, er fühlt sich mies, klein und kaputt. Er fühlt sich häßlich, sie unsexy, er doof, sie dick.

Die ersten Tage der Einsamkeit sind quälend. Niemand ist da, nur man selbst. Die Traurigkeit läßt nicht nach. Im Supermarkt blickt der Einsame gerührt auf Familien und Paare, Cliquen und Kumpels. Überall, wo er hingeht, sieht er Nicht-Einsame. Deshalb bleibt er lieber zu Hause. Und er lernt sich kennen: Er freundet sich mit sich an. Auch wenn er sich haßt. Er hat Angst vor sich.

Mein Freund Philipp, Sie erinnern sich? Der mit den Romantic Comedies. Philipp hat in seiner Heimatstadt Hamburg alle Supermärkte im Blick, in denen sich Singles treffen. Er weiß, wo die hübschen Frauen ihren Rucola-Salat zu den Scampis legen, den leichten Weißwein zu den Low-Fat-Joghurts stellen. Der Supermarkt am Mühlenkamp nah der Außenalster darf jeden Samstag als eine

Art Heiratsmarkt mißverstanden werden. Die Frauen sind außerordentlich offensiv angezogen. Gerne wird ein verhuschter Ich-bin-gerade-aus-dem-Bett-gesprungen-Look gefaket. Dazu wird oft der BH vergessen, die engen weißen T-Shirts zeigen mehr als sie verbergen und die auf den ersten Blick ungeschminkten Gesichter (beim zweiten Blick erkennt jeder den Aufwand hinter dem unauffälligen Make-up) strahlen noch in morgendlicher Unschuld. Je später, um so besser. Dann wirken alle, als hätten sie die Nacht davor erfolgreich gefeiert. Das Gedränge vor dem Barilla-Regal ist riesig. Die Flip-Flops flappen, die Turnschuhe quietschen. In der Luft mischen sich alle Parfümsorten, die gerade in »Vogue« und »GQ« beworben werden. Ein Single-Paradies.

In München gibt es auch solche Orte. Die Feinschmeckerabteilung des Kaufhof am Marienplatz etwa, besser aber noch der Viktualienmarkt an einem sonnigen Samstagmorgen. In Berlin die Ackerhalle in der Invalidenstraße. Wie in einem Varieté scheinen sich hier alle erotischen Wünsche zu erfüllen. Durch enge T-Shirts erkennt man Brustpiercings, manche Hosen sind so knapp geschnitten, daß kein Schamhaar überleben dürfte. Einsame können hier unverbindlich gucken. Sie starren und schauen schüchtern wieder weg, wenn der Blick erwidert wird.

Philipp hat im Supermarkt noch nie eine Frau kennengelernt. Aber er liebt das Spektakel. Auch wenn er den Rest des Tages alleine verbringt. Mit Zeitschriften und

Büchern, Schokoriegeln und den großen Cola-Light-Flaschen, die er sich besorgt hat. Mindestens fünf Frauen im Spar fand er so hübsch, daß er sie aus dem Stand heraus geheiratet hätte. Eine von ihnen wird daran glauben müssen, irgendwann demnächst.

Einsam mit Tieren – und in der Wohngemeinschaft

Nach einer gewissen Zeit des Alleinseins schaffen sich alle Haustiere an, Männer wie Frauen. Dann sind sie nicht mehr einsam. Sie haben ja etwas mit Puls, Willen und Mundgeruch, das ihren Alltag teilt.

Als Miranda in »Sex and the City« von der Freundin ihres Ex-Freundes Steve eine Kerze bekommt, lästert Samantha: »Frauen mit Kerze haben Frauen mit Katze als trauriges Single-Klischee abgelöst.« Ein Tier bedeutet für den unfreiwilligen Single nicht nur eine enge Beziehung, sondern auch absolute Kontrolle und unreflektierte Hingabe. Der Hund ersetzt Freunde, Familie und Partner. Legt eine Frau sich Hund oder Katze zu, hat sie vielleicht schon den Frieden mit ihrem Dasein als Single gemacht. Ist die Sheba-Reklame ein Inbegriff weiblicher Selbstverwirklichung dreißig Jahre nach der sexuellen Revolution? Das Klischee, das die Werbung für Männer etabliert hat, ist kaum subtiler: Der Irish Setter nimmt neben Skistiefel oder Golfbesteck im Kombi Platz und joggt morgens, abends und am Wochenende mit dem erfolgreichen Fortysomething in den Sonnenuntergang hinein.

Psychologen unterscheiden zwischen freiwilligen Singles, die enge Bindungen vermeiden und Abstand lieben, und unfreiwilligen Singles, die nichts lieber wollen, als sich binden, aber Angst haben, nicht so geliebt zu werden, wie sie lieben. Sie wollen nicht verletzt werden und greifen deshalb zu Hunden oder Katzen als Partnerersatz. Exzentrischere Naturen kuscheln mit Pythonschlangen oder Schimpansen. Das Tier ist ein guter Sparringspartner für spätere Beziehungen. Obwohl meine Freundin Julia vermutet, daß eine Single-Frau nach fünf Jahren mit Hund beim ersten Date »sitz!« sagen würde, wenn sie mit dem Mann auf dem Sofa Platz nimmt.

Und in der Tat, die Verlockung, nach der Domestizierung eines Hundes auch bei der Erziehung des Mannes auf Leine, Körbchen und Leckerlis nicht zu verzichten, ist groß. Ich bin sicher, wären da nicht diese humanistischen Tabus, ein Großteil der Männer würde von ihren neuen Freundinnen an einem Lederband durch Gärten und Parks gejagt.

Bis es soweit ist, bringen die Tiere die Menschen zusammen und nicht auf falsche Gedanken. In Städten sind Hunde die neuen Dating-Agenten. Wenn Herrchen und Frauchen noch verlegen nebeneinanderstehen und unruhig nach den Handys fummeln, schnuppern sich die Hunde schon ungeniert an den Geschlechtsteilen. Spätestens wenn ein Hund den anderen in koitaler Absicht bespringt, enden die Gespräche übers Wetter oder die Klassiker – »Bist du oft hier? Wie alt iss'er denn? Was für eine Rasse? Wie heißt er noch mal? Und du/Sie?« – abrupt in neuer Verlegenheit.

Aber manchmal gibt es eben auch ein Happy-End. Sylvia zum Beispiel hat ein solches erlebt. Dabei galt sie fast als hoffnungsloser Fall. Die Jungunternehmerin hatte sich, gerade dreißig geworden, in einen Halunken aus der Boheme verliebt, wurde schwanger – und verlassen; allerdings erst, nachdem sicher war, daß sie abtreiben würde. Ihr großes Herz war so nachhaltig enttäuscht worden, daß niemand im Freundeskreis eine bessere Idee hatte, als ihr zum 33. Geburtstag einen kleinen Foxterrier-Welpen zu schenken. Noch am Abend der Feier eroberte er das Herz der sonst eher spröden Norddeutschen.

Ohne es wirklich zu merken, begann Sylvia nun, gesünder zu leben. In ihrer Wahlheimat am Bodensee ging sie viel mit dem Hund spazieren, und durch die frische Luft und Bewegung war sie abends so erschöpft, daß sie keine Lust mehr hatte, in einer Bar oder einem Club nach Männern zu fahnden. Sie trank kaum noch Alkohol, und nach zwei Monaten mit dem quietschlebendigen Welpen registrierte die Waage im Bad ihr altes Idealgewicht. Sie war 33 und wog wieder soviel wie mit 24. Immer öfter hörte sie Komplimente.

Sylvia ist einer dieser Fälle, die Psychologen gerne anführen, wenn sie zeigen wollen, wie man Krisen als Chancen begreift. Die Abtreibung war ein Tiefpunkt in ihrem Leben: eine fürchterliche Pointe nach Jahren voller falscher Entscheidungen. Zuviel Streß, zuviel Druck beim Selbständigwerden, zuwenig ruhige Momente, falsche Freunde, naive Träume, schlechte Menschen(Männer)kenntnis.

Als sie nach der Abtreibung aus der Narkose aufwachte, weinte sie eine halbe Stunde lang. Ihren Eltern hatte sie nichts gesagt, es hätte ihnen das Herz gebrochen. Die besten Freunde waren nicht eingeweiht, nur eine treue Vertraute aus Schultagen kam aus Kiel angereist, um ihr die Hand zu halten. Sie fühlte sich verlassen und ohne Hoffnung. Sie hatte eine Wunde, nicht nur im Unterleib. Nach der Entlassung aus der Klinik verbrachte sie eine schlaflose Nacht in jenem Bett, in dem sie sich mit dem hippen Musiker so glücklich geglaubt hatte. Jetzt konnte sie sehen, was für ein schwaches, eitles, überhebliches und ängstliches Egozentrikerarschloch er war.

Als die Morgensonne durch die hellen Vorhänge fiel, war sie müde und traurig und hatte doch das Bedürfnis, aufzustehen und ein Glas Milch zu trinken. Unten auf der Straße brachten Mütter ihre Kinder durch den herbstlichen Nieselregen zur Schule. Sylvia freute der Anblick. »Genug jetzt«, sagte sie sich. »Das muß alles anders werden.« Sie legte sich wieder ins Bett und schlief ein. Vierzehn Stunden später wachte sie auf, drei Wochen später bekam sie den Hund. Sie nannte ihn Dominique.

Dominique und Sylvia wurden unzertrennlich. Das machte beide glücklich. Silvia wollte wieder zu Kräften kommen, und sie hatte das Gefühl, dabei auf gutem Weg zu sein.

Einmal wurde Dominique sehr krank. Er hatte am Waldrand an einem Stück Aas genascht, worauf er einen furchtbaren Durchfall bekam und sich Tag und Nacht übergab. Der Tierarzt zuckte ratlos die Schultern, als der kleine Hund nur mehr Haut und Knochen war. Keine der Spritzen, Tabletten oder Infusionen konnte den geschwächten Organismus wieder auf Touren bringen. Sylvia verbrachte das ganze Wochenende vor dem mit teuren Wolldecken ausgelegten Körbchen. Zitternd und wimmernd lag der kleine Hund da. Seine Augen waren feucht und traurig. Vielleicht lag es an den so melancholisch gebogenen Augenbrauen, daß Sylvia das alles so menschlich vorkam.

Sie wollte Dominique nicht verlieren. Sie konnte nicht akzeptieren, daß jenes Wesen, das ihr Leben so beruhigt, bereichert und stabilisiert hatte, für immer verschwand. Sie flöste dem Hund leichten Kamillentee ein und legte kleine Wärmbeutel an seinen Bauch. Nach zwei Tagen Wache nickte Sylvia ein und träumte einen unruhigen Traum. Sie sah sich eine Hunderte Meter lange Mauer hinunterrutschen, ihre Fingernägel suchten auf dem Beton Halt, bis sie blutig abbrachen. Als sie hochschrak, war der Hund nicht mehr im Körbchen. Das erste Sonnenlicht fiel durch die Fenster. Es würde ein schöner Junitag werden. Sie rappelte sich auf und ging Dominique suchen. In der Küche hätte sie fast geschrien vor Glück. Er stand an seinem Trog und schlabberte Wasser. Vergnügt, wie Sylvia am vorsichtig und unrhythmisch wackelnden Schwanz erkennen konnte. Der Kleine hatte es geschafft.

Drei Wochen später lernte Sylvia auf einem ihrer Spaziergänge mit Dominique Moritz kennen, einen geschiedenen Arzt, der ebenfalls seinen Hund ausführte. Sieben Wochen später war sie nicht mehr Single.

In Frauenzeitschriften und Fernseh-Boulevardformaten tauchen immer öfter Paare auf, die sich beim Gassi gehen kennengelernt haben oder in den Kaufhaus-Spezialabteilungen für Haustiere. Julia findet das in höchstem Maß ironisch:

»Da wird Romantik wieder zur Biologie.«

»Wie meinst du das?« frage ich.

»Wissenschaftler haben herausgefunden, daß bei einer ersten Begegnung der Duft den Ausschlag gibt.«

»Und?«

»Und durch das Beschnüffeln der Hunde, die Herrchen und Frauchen zusammenbringen, schließt sich die Kluft zwischen unserer Zivilisation und ihren animalischen Wurzeln. Singles lernen von läufigen Hunden. Ist das nicht lustig?«

Ich war mir nicht so sicher, ob Julia recht hatte, aber dieser Aspekt eines Re-entry des Tierischen, wie es der Philosoph Niklas Luhmann wohl genannt hätte, war eine hübsche Pointe auf das Wesen des Großstadtdschungels.

Es gibt nur ein Lebewesen, das dem Haustier als Lebenshilfe für Singles den Rang ablaufen kann, und das ist der Mitbewohner. In Großstädten ist er mitunter weiter verbreitet als Haustiere. In Paris gibt es seit wenigen Jahren

Partys, auf denen sich einsame Singles Partner suchen – nicht zum Lieben, sondern zum Leben: WG-Genossen. Lena, eine lebensfrohe, superblonde, bildhübsche Schauspielerin, ist sich nicht sicher, ob sie ihren Mitbewohner in der geräumigen Altbauwohnung als Substitut für ein Haustier oder für einen Partner empfindet. Viele WGs bestehen nicht nur, um Geld zu sparen, sondern auch, damit man abends nicht alleine zu Hause ist. Also aus dem gleichen Grund, aus dem sich Leute Haustiere anschaffen. Für Lena ersetzt der Mitbewohner die Familie: »Wenn ich vom Dreh komme, freue ich mich, daß Milch im Kühlschrank ist, es sich gemütlich bewohnt anfühlt und Philip froh ist, daß ich endlich wieder da bin. Dann kann ich ihm auf der Couch alle Geschichten vom Dreh erzählen, während ich noch scheiße aussehe und gar nicht richtig weiß, wo ich bin. Ich muß mich dann nicht fertig machen und mit jemandem zum Essen verabreden, wenn ich nicht allein sein will.«

Lena hat Glück und weiß es: »Ich kaufe ein, Philip trägt die Einkäufe in die Wohnung. Perfekt! Man kocht nicht nur für eine Person und hat immer einen Backgammon-Partner zur Hand. Wenn ich krank bin, bringt er mir DVDs und Hustensaft. Und anders als ein Hund, kann Philip alleine aufs Klo und ich muß ihn nicht in Betreuung geben, wenn ich in den Urlaub fahre.«

Einsam krank

Die einsame Erkältete sitzt traurig über die Pinimenthol-Salbe gebeugt. Das Bad mit den ätherischen Ölen hat gutgetan. Die Nase fühlt sich freier und weniger entzündet an. Jetzt will die Einsame sich Salbe auftragen. Auf Brust und Rücken sollen je drei Zentimeter verrieben werden. Bei der dritten Verrenkung, um den Rücken einzureiben, wird ihr klar, wie allein sie ist. »Die Hälfte der Wirkung«, so kalkuliert die passionierte Rationalistin, »geht wahrscheinlich ohnehin auf das Konto der helfenden Hand.« Mediziner geben ihr recht. Das Gefühl der Zuwendung und Zuneigung unterstützt den Genesungsprozeß.

Der Souverän definiert sich über seine Stärke. Unabhängigkeit verträgt wenig Schwäche. Die nymphomane Samantha aus »Sex and the City« merkt zum ersten Mal, wie einsam sie ist, als sie krank wird. Niemand bringt ihr Medikamente vorbei oder tröstet sie. Die One-Night-Stands, die sie anruft, beschimpfen sie. Es gebe nur zwei Typen Männer, philosophiert sie später mit Carrie: jene, die Händchen halten, und jene, die man fickt. Ist man zu krank für Sex, ist niemand für einen da.

Krankheit raubt Autarkie. Sie schränkt ein und macht abhängig. Zu den schönsten Kindheitserinnerungen gehört, wie die Mutter mit einem feuchten Waschlappen sanft den vor Fieber glühenden Rücken kühlte. Die mütterliche Fürsorge vollendet sich am kränkelnden Kind. Weiß die Mutter, was das Kind benötigt, um wieder zu gesunden und sich dabei glücklich und geborgen zu fühlen, dann ist dies eine wertvolle Investition in die Gesundheit seiner Seele. Sie produziert nahezu unerschütterliches Vertrauen in die Menschheit.

Meine Mutter machte das perfekte Krankenessen. Das war nicht zu toppen. Egal, welche Krankheit man hatte. Allein die Vorfreude auf das, was sie einem ans Bett brachte, wenn man zu schwach war, um aufzustehen, half der Genesung. Später besorgten sowohl mein Bruder als auch ich, vor Fieber dampfend, dieselben Hühnerbrühen und Zwiebacktüten, die wir aus der Kindheit kannten. Wir stellten denselben fettarmen Joghurt in den Wagen neben die magere Crème fraîche und die zarten Putenbrustscheiben. Die Mutter wurde vom einsamen Sohn so kulinarisch, oder besser: pflegetechnisch herbeiimaginiert. Das half.

Deshalb ist es für eine Frau ein großer Moment, wenn sie dem kranken Freund helfen darf: damit gehört sie gewissermaßen zur Familie.

Oft fühlt der einsame Mensch sich allein in einer Welt ohne Mitgefühl. Er schreibt in diesem Fall der Außenwelt zu, was Teil seiner eigenen Person ist, meint die amerikanische Psychologin Joanne Wieland-Burston. Die innere Einsamkeit wird nach außen übertragen, weil keine empathische Bindung zum eigenen Selbst entwickelt werden konnte. Diese Art von Einsamkeit befällt Menschen, die sich selbst verloren haben. Sie finden nicht mehr zu ihren Emotionen zurück, und so können sie auch im anderen nichts als einen Spiegel ihrer Fühllosigkeit entdecken. Der Zustand der Krankheit ist für sie jener Moment, in dem die Welt ohne Mitgefühl besonders bösartig erscheint. Diese Einsamen werden häufiger krank.

Die Erfahrung, einsam und verlassen, von niemandem besucht im Krankenhaus zu liegen, kann Menschen traumatisieren. Für einige ist sie aber auch das Signal zur Umkehr, das sie dazu bringt, sich wieder den Menschen zu öffnen. Denn gerade in den Momenten der Gebrechlichkeit spürt man, daß der Mensch als soziales Wesen angelegt ist. Heilung funktioniert am besten inmitten der Herde.

Als Tüüna mit ihrer Freundin Rike in den Urlaub fuhr, tat sie das in der festen Absicht, ein bis zwei Affären zu haben, ansonsten keine Kontakte zu pflegen und drei bis vier Bücher zu lesen. Rike wollte dasselbe. In ihrer Hotelanlage an der Amalfi-Küste waren die beiden Deutschen schnell eine Sensation. Beglückt wurden aber lediglich der Surflehrer und ein entfernter Bekannter mit Boot, der die beiden besuchte. Den hatte sich Tüüna gekrallt, nur um nicht unverrichteter Dinge zurückzukommen. Der Sex war mittelmäßig gewesen, nicht aber das sonnige Wetter im September. Auf dem Rückflug quälte Tüüna ein starker Sonnenbrand am Rücken. Sie hatte sich geschämt, Rike zu bitten, ihn ihr einzucremen. Sie fand das deprimierend: Single-Freundinnen, die hingebungsvoll das taten, was eigentlich ein Männerjob war. Jetzt rutschte sie unruhig auf dem Sitz hin und her und versuchte, das Brennen und Ziehen so zu bekämpfen, aber es half nichts.

Kaum angekommen, eilte sie in die Apotheke und kaufte eine lindernde Creme. Zu Hause im Schlafzimmer trieb der Juckreiz sie fast in den Irrsinn, noch mehr aber die Tatsache, daß sie sich nicht den Rücken einreiben konnte: Nur ein paar Stellen bekamen dank absurdester Verrenkungen Salbe ab. Der Rest blieb ohne Linderung. Sie überlegte kurz, Rike anzurufen. Sie fürchtete, nicht schlafen zu können und am nächsten Morgen übernächtigt und verbrannt ins Büro zu kommen. Sie ärgerte sich und dachte nach vielen Monaten zum ersten Mal wieder an Markus, ihren letzten Freund. Wie er sie liebevoll mit lindernder Lotion eingerieben hatte, nachdem sie bei einem Berlin-Wochenende im Prenzlauer Berg ein etwas heruntergekommenes Solarium besucht hatte und, schlecht beraten, mit flammendrotem Rücken und »Pavian-Po« zurückgekommen war. Als er ihr damals den Rücken eincremte, hatte sie die Augen geschlossen und daran gedacht, daß sie von ihm Kinder möchte. Nie hatte sie sich ihm so nahe gefühlt.

Für Tüüna, die Skeptikerin, blieb dies eine der schönsten Definitionen der Liebe: das Leid des anderen zu bekämpfen. Fluchend lag sie jetzt auf ihrem Bett und überlegte kurz, Markus einfach anzurufen. Ihn nach zwei Jahren zu bitten, vorbeizukommen. Als Liebesdienst und nostalgische Geste. Doch Markus war inzwischen glücklich verheiratet. Tüüna fühlte sich einsam und verwundet. Sie leerte die Tube Fenistil auf ihrem schönsten Handtuch aus und rieb sich damit selbst den Rücken ein. Schnell ging es ihr besser.

»Ich kann mir selbst helfen«, flüsterte sie. Sie war sich nicht sicher, ob sie sich damit geholfen hatte. Einen anderen zu brauchen ist ebenfalls eine schöne Definition für Liebe. Deshalb haßte sie es so sehr, krank zu sein: Sie spürte dann ihre Einsamkeit und Unvollkommenheit.

Einsam im Selbstgespräch

Einsame sind der festen Überzeugung, daß ihre Selbstgespräche einen inneren Dialog darstellen und nichts davon an die Oberfläche dringt. Sie glauben – mit Plato –, Denken sei das Selbstgespräch der Seele oder etwas vergleichbar Rührendes. Sie besprechen die entscheidenden Dinge des Lebens mit sich, lassen eine Art Binnenpluralismus zu und freuen sich am Ende einer gelungenen Diskussion, daß sie so ein schlaues Kerlchen sind. Den Proustschen Fragebogen stellen sie sich selbst am liebsten. Jedesmal überrascht das Ergebnis. Daß der innere Monolog mit seinen Weisheiten und Zoten, seinen Gemein- und Feinheiten unentdeckt bleibt, glaubt der Einsame so lange, bis ihn im Museum oder beim Joggen im Wald zum ersten Mal die Lautstärke seiner Stimme hochschrecken läßt.

Doch wer viel alleine lebt, macht eben viel mit sich aus. Und je mehr der Einsame in sich hineininvestiert

und führte über mehrere Umwege schließlich zum Tod Gottes. Damit war der Mensch schon mal relativ einsam, weil ihm der liebe Gott im Himmel, samt seinem Sohn und dem Heiligen Geist abhanden kam. Die Welt wurde kühler, und – philosophisch, idealistisch abgesichert – ein einziges Selbstgespräch.

Ein Urlaub e i n s a m

Familienväter, besonders liebenswerte sind dabei, haben nur einen großen Traum: einmal alleine Urlaub machen. Ganz für sich. Mit dem Rucksack in die Berge oder auf eine einsame Insel. Das Robinson-Syndrom. Weil das mitunter den Kindern schwer zu erklären ist, verzichten viele Väter auf die Verwirklichung ihres Wunsches. Sie gehen in der Mittagspause ins Solarium und wählen eine möglichst lange Bräunungszeit unter schwachen Röhren. Hier träumen sie sich von all dem davon, was sie lieben. Nur als eine kleine Auszeit. Gerade Familienmenschen benötigen Einsamkeit. Und zwar nicht nur jene, die gerne einsam waren, bevor sie eine Familie gründeten.

Ich habe in den ersten fünfzehn Jahren meines erwachsenen Lebens fast alle Urlaube einsam verbracht. Meist kaschiert als Arbeitsaufenthalt, mit dem Laptop im Gepäck und ein paar Büchern. So saß ich auf den sonnigen Terrassen südfranzösischer Villen und hämmerte verdrehte Kulturtheorie in den Laptop, während der Gärtner kopfschüttelnd auf den armen Wicht mit Sonnenbrille schielte, der von morgens bis abends über Manuskripte gebeugt weniger Ferien als Überstunden zu machen schien. In Hotels mit Frühstück lernte ich, so Zeitunglesen, daß niemand versuchen konnte, sich an meinen Tisch zu setzen.

Die schönsten Urlaube alleine sind die in den Bergen. Skifahren geht problemlos alleine. Auf Hütten gilt man als Fanatiker, der sich ganz der Schönheit der Berge hingegeben hat und zum Alpin-Mönch wurde. In den Bergen ist Schweigen nicht erklärungsbedürftig. Die Gespräche im Lift sind unverfänglich und unanstrengend. Außerdem bewegt man sich die ganze Zeit an der frischen Luft. Die Erhabenheit der Landschaft relativiert persönliche Befindlichkeit. Einsam denkt man nicht gegen den Berg an, sondern fühlt sich als Teil seiner Kreatürlichkeit, als winziges Element der Schöpfung. Die Schönheit der Berge, je höher, um so radikaler, eisiger und alltagsferner, beflügelt innere Klärungsprozesse.

Im »Reizentzug« sieht der Psychologieprofessor Jürgen Zulley das zentrale Kriterium für den Erfolg seiner eingangs erwähnten Andechser Isolationsexperimente. Wer sich bewußt von den Reizen der Welt abkoppelt, hat Zeit, seinen unverdauten Seelenschrott zu verarbeiten. Anders als im Andechser Bunker ist die Reizabschottung beim einsamen Urlaub nicht absolut. Dennoch beschränken die Kontakte zu anderen Menschen sich auf ein Minimum. Das Hallo zum Kellner im Frühstücksraum, das Bestellen auf der Hütte, ein Zwei-Minuten-Gespräch (maximal!) im Lift, das »Wiederschaun« im Supermarkt beim Einkauf des Abendessens. Danach: Wellness. Schweigen, saunen, schwimmen, dösen. Alles in Ruhe. Einsame gehen in den Wellness-Bereich, wenn er sich leert. Wenn die lärmenden Familien weg sind und die schwatzsüchtigen Flachländer, die ihre bescheidenen Abenteuer mit allen Hotelgästen teilen wollen. Je teurer die Hotels, um so zurückhaltender wird geprahlt. Die mürrische Dekadenz der Superreichen in Lech oder St. Moritz ist für den Ruhesuchenden besonders wohltuend. Fünf Sterne bieten coole alte Männer inklusive, die auch während des Abendessens nicht mehr mit ihrer Frau reden.

Nach dem Abendessen durchforstet man das Fernsehprogramm nach halbwegs vertretbaren Spielfilmen oder blättert in Büchern, bis die Müdigkeit einsetzt. Nie schläft man besser und tiefer, als von der Höhenluft und dem vielen Sport beglückt.

Natürlich ist es schöner, mit seinen besten Freunden Ski zu fahren. Aber manchmal können sieben Tage in den Alpen, mutterseelenalleine, Kraft und Ruhe für ein ganzes Jahr spenden. Die Reiseindustrie hat auf diese Sehnsucht reagiert, das Angebot reicht vom Swingerurlaub bis zum Kulturprogramm für verlassene Bücherratten.

Wer einsam am Strand liegt, muß eine sehr dunkle Sonnenbrille aufsetzen. Sie macht die eigenen Erkundungsblicke unsichtbar und schützt vor allzu neugierigen Eindringlingen. Einsame haben perfekt gepackte Taschen, in denen sich alles findet, was einen Tag am Strand oder im

Freibad zu einer Wonne macht – auch wenn man nicht mit anderen quiekend vor Glück um die Tischtennisplatte rennt, nicht knutschend die Hand unter einen bisher uneroberten Bikini schiebt, auch wenn man nicht mit seinen Kumpels Karten spielt, nicht die letzte Nacht im Club bespricht oder der besten Freundin das Horoskop aus der »Cosmo« vorliest. Auch wenn man nicht der Schwester den Rücken eincremt oder der Mutter aus Versehen Eis in die Haare schmiert. Wenn all dieses Glück des Miteinander fehlt, dann hat man: eine große, weiche Decke, mindestens eine Zeitschrift und ein Buch, das Handy, einen MP3-Player und eine Flasche mit Eistee. Man zeigt allen anderen am Strand: Auch ich genieße mein Leben. Ich brauche dazu niemanden. Ich muß nicht – wie Albert Camus das ausdrücken würde – aus dem Ich heraustreten und an die Tür des Du klopfen. Im Gegenteil: ich bitte sogar darum, daß niemand an meine Tür klopft. Um ehrlich zu sein: sie ist unter dem Handtuch versteckt. Sonnenbrille, Kopfhörer und Körperhaltung signalisieren: bloß nicht. Oder weniger höflich: hau ab. Laß mich in Ruhe. Doch die Wahrheit ist, daß sich niemand für den Einsamen interessiert. Er wirkt in seiner Selbstverstricktheit abenteuerlich hysterisch. Bestenfalls lächelt man über ihn. Keiner will so sein wie er.

Der Urlaub alleine bietet jedoch auch die Chance, das Glück absoluter Fremdheit zu genießen. Axel, der erfolgreiche Werber, erlebte so einen Moment vor gut einem Jahrzehnt in Tokio: »Es ist Nacht, Nieselregen fällt vom

Himmel. Ich bin vor drei Tagen angekommen, vor mir liegt ein sechsmonatiges Praktikum in einer Welt, wie sie fremder nicht sein kann. Ich kenne keinen Menschen in dieser Stadt und habe mir vorgenommen, an diesem Abend alleine das Tokioter Nachtleben zu erkunden. Nach einer Schale Ramen und drei Flaschen Asahi Super Dry stehe ich plötzlich in einer Hochhausschlucht in Roppongi, Neonlichter säumen das Stadtbild, Radiohead's ›Lucky‹ strömt aus den Kopfhörern in meine Ohren und ich schaue in den schwarzen Himmel. Ein Moment, wie er einsamer kaum sein könnte, allein in einer Stadt mit zwölf Millionen, von denen ich keinen einzigen kenne. Ein Moment durchtränkt von Melancholie und Verlorensein, aber für mich ist dies einer der schönsten Momente meines Lebens, der mich für den Rest meiner Tage begleiten wird. Wäre ich nicht alleine mit mir und meinen Gefühlen gewesen, hätte dieser Moment niemals diese unglaubliche Intensität gehabt.«

E i n s a m mit Pop, im Museum, inmitten von Spielsachen

Zu den Orten, an denen Einsame in der Öffentlichkeit gut für sich sein können, gehört das Museum. Einsame Intellektuelle flanieren, meist mit Kennerblick, durch Kulturlandschaften und lauschen abfällig auf die Kommentare der Familienväter, die ihren Kindern und der desinteressierten Frau dummes

Zeug über Schinkel und Picasso, Warhol oder Gropius erzählen. Der einsame Intellektuelle beobachtet die inszenierte Desinformation. Nur selten ist er überheblich. Ihm ist klar, daß jener Mann mit seiner angestrengten Halbbildung seine Kinder großzog, als er selbst in Ruhe und Einsamkeit promovierte, als er Wochenende um Wochenende mit Büchern und Filmen, in Konzertsälen und Museen verbrachte. Sein Mehrwissen ist das Resultat bewußter Vereinzelung. Forschend sieht er in die Gesichter der Menschen. Von Goethe stammt die Bemerkung, daß jeder Mensch, der beste wie der elendste, ein Geheimnis mit sich herumträgt, das ihn allen anderen verhaßt machen würde, sollte es je bekannt werden. Daran muß der einsame Intellektuelle immer wieder denken.

Die Einsamkeit ist ein Stadium der Meditation. Wer sein Wochenende ohne Ansprache verbringt, tritt in einen kontinuierlichen Bewußtseinsstrom ein. Bilder, Gesichter, Gerüche und Klänge vermischen sich mit den Gedanken. Manchmal muß der einsame Denker lachen, weil die Kinder schon über das Geplapper ihres Vaters die Stirn runzeln. In manchen der jungen Gesichter erkennt er die Einsamen von morgen.

Der Intellektuelle benutzt Kunstwerke und Musikstücke als Gegenüber, er tritt mit ihnen in einen Dialog. Die Beschäftigung mit Kunst schärft Sinne und Sensibilitäten und macht die Leere aushaltbar. Mehr noch: viele Intellektuelle und Kunstsinnige spüren, daß Phasen der Leere und Distanz erst die Konzentration zulassen, die Reflexion und produktives Arbeiten ermöglicht.

Weniger systematisch angelegt ist die Welt des Fans oder Nerds. Der Fan liebt eine Band, einen Fußballverein, einen Schauspieler oder einen Designer und geht in dieser Liebe auf. Sie kann so einnehmend werden, daß für andere Menschen kein Platz mehr bleibt.

Ende der achtziger Jahre erschütterte Tsutomu Miyazaki Japan. Der Einzelgänger hatte sich ganz in einer Traumwelt aus Spielzeugmonstern, Videospielen und erotischen Schulmädchenphantasien verloren und dann vier minderjährige Mädchen ermordet. Wie alle Jünger der Popkultur wurde dieser Superfan »Otaku« genannt. Nach dem Serienmord war der Begriff jahrelang ein Schimpfwort: er stand für die Abgründe, die sich hinter einem überstrapazierten Fanleben auftun können.

Die Liebe des Fans ist häufig genug eine Sublimierung nicht gelebter Nächstenliebe.

Die Popkultur umarmt den Einsamen, jedoch nicht ohne in ihm den Schmerz über die Einsamkeit lebendig zu erhalten. Popmusik war von Anbeginn an ein Generator von Sehnsüchten nach zweisamem Glück. Zwar gibt es Hunderte von Songs über »only the lonely«, aber diese Lonelyness ist stets nur Antithese zum Glück. Der Einsame ist der Unglückliche. In Elvis' »Lonely Man« zieht der einsame Mann von Stadt zu Stadt und sucht, was er nicht finden kann: »Hopin', always hopin' / That some day fate will be kind«. In »Heartbreak Hotel« singt Elvis davon, so einsam zu sein, daß er sterben könnte: die bis heute klassische Beschreibung eines Zustands verzweifelter Einsamkeit, wenn man sein Herz an jemanden verloren hat, der es nicht will. Ob bei Frank Sinatra oder bei Chris Isaak, bei Roxette (»One is such a lonely number«) oder Frank Zappa: Einsamkeit ist Elend. Eine Krankheit, heilbar zwar, aber oft auch tödlich. Ein Unfall, ein Makel.

Erst mit New Wave wurde Solipsismus popfähig. Billy Idols »Dancing with myself« beschrieb ein Lebensgefühl maximaler Stilisiertheit und Kälte, das sich insbesondere im Tanzstil und in der Innenarchitektur jener Zeit ausdrückte. Das autonome Subjekt zuckte in der Diskothek mit größtmöglicher Distanz zum Nächsten und in den Wohnungen – Altbau oder Loft, hohe Decken, weiße Wände – wurde das Ich lustvoll von allen wärmenden Accessoires ferngehalten. Die orthodoxen Parteigänger des New Wave waren urbane Einsiedler in der Tradition Caspar David Friedrichs, die sich nun nicht mehr in der Natur versenkten, sondern in jener Zivilisation, deren Niedergang sie als melancholisches Schauspiel genossen.

Doch die Verklärung der Einsamkeit in der Popmusik war schnell vorbei. Das sensible »Lonelyness is a gun« von der ansonsten eher erfolglosen britischen Band mit dem bezeichnenden Namen House of Love markierte Ende der achtziger Jahre eine Rückkehr zur romantischen Innerlichkeit. Noch drastischer jedoch wirkt der programmatische Song »Open up your Heart« von The Rapture aus New York. Eine Band, die so klingt, als wären ihre Mitglieder in einer Kühltruhe sozialisiert worden. Das Eisige ihrer Ästhetik reibt sich lustvoll am fast therapeutischen Ansinnen des Liedes. Der Song wurde 2003 veröffentlicht und fordert alle Hörer auf, ihre Herzen zu öffnen, auf Leute zuzugehen, sich um Freunde zu kümmern, den anderen immer wieder eine Chance zu geben, nicht zu stolz zu sein.

Madonna hatte gut fünf Jahre vorher gemahnt: »You're frozen, when your heart's not open«. Daß die Popmusik so eindringlich für das Miteinander plädiert, ist ein Indiz dafür, wie sehr Einsamkeit sich in unseren Wohlstandsgesellschaften etabliert hat.

Axel, der leidenschaftliche Einsame und leidenschaftlich Liebende (wenn er denn eine Freundin hat), empfiehlt folgende Songs, um sich einsamen Momenten noch intensiver zu widmen:

Roisin Murphy: The Closing Of The Doors
Jon Brion: Here We Go
Blonde Redhead: Four Damaged Lemons (Remix)
Bonnie ›Prince‹ Billy: Darkness
PJ Harvey: The Desperate Kingdom Of Love
Hayden: 1939
Beth Gibbons: Mysteries
Stina Nordenstam: This Is Good Bye
Beck: Guess I'm Doing Fine
Elliott Smith: Angels

Einsam in der Ehe

Niemand fühlt sich einsamer, als eine unglücklich verheiratete Frau. Das ist das bisher überraschendste Ergebnis der Einsamkeitsforschung von Professor Cacioppo in Chikago. Franz Kafka hat behauptet, die wirkliche Einsamkeit spüre man nur angesichts des anderen. Einsam könne man nur zu zweit sein. Dies wäre die kaputte Form der Einsamkeit: jene, die sich im Gewand von Liebe und Zärtlichkeit versteckt. Hübscher hat die Rainer Maria Rilke erfaßt. Für ihn besteht Liebe darin, daß zwei Einsame sich beschützen und berühren. »Lonely together« wie Barry Manilow sang.

Viele Beziehungen und Ehen sind deshalb so beschissen, weil einem oder beiden Partnern die Einsamkeit angst macht. Sie ersticken in dieser Angst oder erstarren in der Klammerung. Liebe wird größer, wenn jeder weiß, daß er es im Zweifelsfall auch mit sich alleine ganz gut aushält. Die ständige Option, sie preisgeben zu können, läßt Bindungen weniger endgültig als vielmehr bewußt gewählt erscheinen. Die Umarmung bleibt immer auch Fessel, das Gefesseltsein durch den anderen ebenso verlockend wie bedrohlich. In dem Moment, in dem die Einsamkeit ganz preisgegeben wird, offenbart sie ihren höchsten Wert: es sammelt sich ein Sehnsuchtspotential nach ihr an, das nach dem Absturz einer Liebe Balsam auf entzündetem Seelenfleisch ist.

Rund ein Drittel aller Singles sind glücklich, finden ihr Leben so, wie es ist, ideal: das hat eine Studie des Deutschen Jugendinstituts herausgefunden.

Sandra, 27, fühlte sich wie verheiratet. Sie lebte immer schon ein monogames Leben. Aber ihre letzte, sehr intensive Beziehung endete mit einer traumatischen Erfahrung: obwohl sie mit einer Art Traummann zusammenlebte, fühlte sie sich zutiefst einsam. Die ganze Zeit dachte sie: »War's das jetzt für den Rest des Lebens? Habe ich mir das so vorgestellt? Warum sieht das bei anderen eigentlich immer ganz anders aus?« Anstatt sich zu trennen, saß sie lieber weiterhin abends mit dem Typen zusammen, ärgerte sich, daß er sich nicht für ihre Themen interessierte, keine Lust auf die Sachen hatte, die sie selbst gern machte. »Insofern ›teilten‹ wir unser Leben überhaupt nicht; es machte mich noch einsamer.« Sandra hatte das Gefühl, aus dieser Beziehung »nicht so einfach rauszukommen«. Zuviel hatten beide Seiten in sie investiert.

Doch nach eineinhalb Jahren schleichenden Verfalls brach Sandra das Projekt, das zwangsläufig auf Ehe, Kinder und Reihenhaus hinausgelaufen wäre, schließlich ab. In ihr hatte sich eine große Sehnsucht nach Einsamkeit angesammelt. »Die Trennung war sehr befreiend. Ich war danach nicht weniger einsam als vorher, oder vielleicht sogar doch, jedenfalls auf ehrliche Weise.« Lieber wirklich einsam, als allein gelassen in der Beziehung. Wie viele Frauen hatte sie das Gefühl, sich durch die Trennung wieder selber nähergekommen zu sein. Daraus resultierten neues Selbstbewußtsein und der Wunsch, sein Leben neu anzufangen. Den Mut für so eine Trennung finden Frauen oft auch nach Jahrzehnten trostlos harmonischer Ehe oder wenn sie mit dem Partner ein Kind haben.

Claudia, genannt Claudi, arbeitete in der Medienbranche und lebte mit ihrem persischen Freund in einer glücklichen Beziehung, die beide so ernst wie eine Ehe nahmen. Sie hatten einen Sohn zusammen, alles schien großartig. Doch im verflixten siebten Jahr begann sich Mani »fast unbewußt von der Beziehung zu lösen«, erzählt Claudi. Er flüchtete in die Arbeit, hörte ihr nicht mehr zu, wollte schlafen, statt etwas mit ihr zu unternehmen. »Keine Lust auf private Aktionen«, wie die lustig-postmoderne Claudi es formuliert. Über Monate hoffte sie, das würde sich ändern. Irgendwann war sie sicher: es würde immer so weitergehen. »Es gab keine Zweisamkeit mehr, wir lebten aneinander vorbei«, wie Claudi sich kopfschüttelnd erinnert. »Dann sollte man schnell die Reißleine ziehen und ausbrechen.«

Sie tat es, eine stolze, mutige Frau Mitte Dreißig mit einem hinreißenden Sohn. Das Nachtleben in Hamburg durchstreifte sie, wenn der Sohn ins Bett und der Babysitter in Stellung gebracht war. Drei Jahre lang hatte Claudi noch einmal eine großartige Zeit. Die Erleichterung über die Trennung gab ihr Mut und Zuversicht. Auch Jungs, die zehn Jahre jünger waren, genossen ihre Nähe. Für den Kleinen fanden sie und der Vater einen guten, streßfreien Kompromiß. Seit zwei Jahren hat Claudi wieder einen festen Freund. »Wobei ich lange mit mir gekämpft habe, bevor ich meine Freiheit aufgab«, wie sie bemerkt. »Aber am Ende hat die Liebe gesiegt.« Ihren vielen Freundinnen dient sie als Vorbild. Sie zeigt das Potential an Lebensqualität, das dadurch entsteht, daß man die Reißleine zieht.

Eine einsame Jugend

Es gibt keinen herzzerreißenderen Anblick, als ein einsames Kind in der Pause. Stumm und still steht es zwischen den lärmenden und spielenden Klassenkameraden. Mustert das gutgelaunte Treiben teilnahmslos und matt. Die Hände sind, zu Fäusten geballt, in den Jackentaschen versteckt. Das Kind hat aufgegeben, Teil der Gemeinschaft zu werden. Der Zug ist abgefahren. Das Kind kann sich nicht erklären, wie es dazu gekommen ist. Es wirkt ernster, reifer und trauriger als die Schulkameraden, die so offensichtlich keine Kameraden sind. Die Eltern sind verzweifelt, wenn das Kind einmal mehr mit Schürfwunden im Gesicht und zerbeulter Schultasche mürrisch und ängstlich zugleich nach Hause kommt.

Die Berliner »B.Z.« berichtete im Herbst 2004 von einem achtjährigen Mädchen, das außer von der Mutter scheinbar von niemandem geliebt wurde. Sobald es den Pausenhof betrat, wurde es verhöhnt, bespuckt und geschlagen, bis in der zarten kleinen Seele solche Angst und Panik herrschte, daß das Mädchen sich nicht mehr in die Schule wagte. Es war eines dieser Geschöpfe, die im Pausenhof immer alleine stehen. Kann ein Mensch, der in seiner empfindlichsten und prägendsten Phase so von der Außenwelt malträtiert wurde, je gesund werden? Ist ein Schuljahr in der Hölle reparierbar? Oder wird jedes dieser einsamen Kinder es später hassen, einsam zu sein?

Psychologen sind sich einig, daß viele unglücklich Einsame das Drama ihrer Kindheit und Jugend nicht überwinden können und daran zerbrechen. Vom Verlassen des mütterlichen Bauches bis zum endgültigen Auszug aus dem Elternhaus erlebt ein Kind unzählige Momente der Trennung und des Verlassenwerdens, die je nach psychischer Stabilität des Heranwachsenden Leid akkumulieren oder aber es zunehmend beherrschbar und relativierbar machen.

Sandra erinnert sich ungern an ihre Zeit als junges Mädchen. Obwohl hübsch, blieb sie immer für sich. In der Schule hatte sie »nur so richtig grobe Weiber in der Klasse«. Außerdem war sie in ihrem Bochumer Kiez die einzige, die gelernt hatte, beim Gähnen die Hand vor den Mund zu halten und beim Essen nicht zu sprechen. Das machte Sandra noch einsamer. Es kostete sie »viele Pausen mit extrem wenig Sprecheinsätzen«. Zur Abifeier erschien sie nicht mehr. Sie feierte alleine zu Hause, daß dieses Martyrium vorbei war.

Aus dieser Zeit blieb Sandra jenes innere Gefühl des Frostes, wenn sie merkte: »Ich gehöre hier nicht hin, ich gehöre nicht dazu.« Sie blickte dann immer an sich hinunter, sah die anderen an und überlegte, mit wem sie reden könnte und warum keiner sie ansprach. Da war es aber, wie sie sich erinnert, »immer schon zu spät«. Ihr Rat an ihre jungen Nichten heute: am besten sofort nach Hause gehen. Auch in ihrer Karriere hat Sandra sich daran gehalten: sie kündigte, sobald sie sich in einem Job, in einer Stadt oder zwischen Menschen fremd fühlte. So fremd, daß es nur mehr die Besuche ihres Bruders waren, die ihr wieder das Gefühl von Geborgenheit und Liebe gaben. Ihr Bruder rief dann die Mutter an und erklärte: »Mama, ich mache mir Sorgen.« Darüber muß Sandra heute schmunzeln. Sie hat ihren Traummann gefunden und den Traumjob noch dazu. Ihre einsame Kindheit und Jugend investierte sie in Sport, Bildung, Wissen und Manieren. Und jetzt gibt es die Zinsen.

Daß Sandra auch in einsamen Momenten stabil war, hing mit ihrer Familie zusammen, vermutet sie selbst. Sie kommt aus einer intakten Umgebung. Mediziner und Therapeuten bestätigen das. Einsamkeit ist leichter auszuhalten, wenn der Mensch positive Beziehungsbilder und -erfahrungen gespeichert hat. Eine gute und stabile Beziehung zu der Mutter, dem Vater oder sonst einem wichtigen Menschen gibt das sogenannte Urvertrauen mit, das späteres Alleinsein besser ertragbar macht. Auch durch eine positive Therapiebeziehungserfahrung kann ein Mensch seine Einsamkeit und unerfüllten Beziehungswünsche besser leben, erklärt die Psychotherapeutin Dr. Aglaja Stirn.

Patrick lebt seit mehreren Jahren alleine. Er hat Kunstgeschichte studiert, weil er schon als kleines Kind die Ruhe und Kühle von Museen liebte. Wenn die Familie im Urlaub in Florenz, Mailand oder Paris, in Athen oder London die berühmten Museen besuchte, war der Vater sehr stolz auf den schweigenden und konzentrierten kleinen Patrick. Seine Schwester, älter und eigentlich auch begabter, haßte ihn dafür, daß er der ganzen Familie stundenlange Aufenthalte in absurden Antikesammlungen, Grafikkabinetten und Skulpturengärten einbrockte. Patrick unterhielt sich schon früh mit den Kunstwerken. Er konnte davon nicht genug kriegen. Im Auto saß er dann still und leise, kritzelte kleine, unbeholfene Skizzen in seinen Zeichenblock und war ganz in Gedanken versunken. Seine Schwester blickte ihn zornig an. Sie hielt ihn für absolut uncool. Ein Nerd, eine richtige Nervensäge. Patrick hatte seine Schwester längst aufgegeben. Er war gerade neun geworden und auf seine Art schon passionierter Einzelgänger. Seine Mutter fand das »bescheuert«. Sie lud zu opulenten Kindergeburtstagen in den Garten, doch nur wenige Kinder aus Patricks Klasse hatten Lust zu kommen. Glücklicherweise, so dachte die Mutter, waren immer zwei oder drei der hübschesten Mädchen dabei. Kaum Jungen. Es waren zahme, fast frühreif kultivierte Feste. Patrick freute sich vor allem über die Bücher. Die Mädchen mochten ihn.

Während des Kunstgeschichtsstudiums wurde er ein echter Star unter den Kommilitonen. Er schrieb die besten Arbeiten, seine Bildbeobachtungen waren genauer und origineller als die vieler Professoren. Er hatte eine Freundin, die er nicht liebte, aber die eben auch nicht störte. Er war bei sich, wenn er vor den Bildern stand.

Seine große Liebe ist die Kunst, und keine Frau hat es geschafft, diesen Platz einzunehmen. Er wurde einer der besten Kunstkritiker, früh mit verantwortungsvollen Aufgaben betraut. Er hatte viele und viele gute Frauen, aber über die Jahre lernte er, daß er in den Phasen ohne Begleitung neue Sensibilitäten entwickelte. Wie alle »Eckensteher« (Nietzsche) und »Kellerlochmenschen« (Dostojewski) hat er in der Vereinzelung besonders feine Tentakel für die Außenwelt entwickelt. Er sieht und spürt mehr.

Ein Frühling und ein Sommer e i n s a m

Die schönste bzw. die schlimmste Zeit, um allein zu sein. Die Sonne lacht alle einsamen Menschen an: Die Hormone wirbeln durch die Körper, und so wünscht sich bald jede junge Frau und jeder ältere Herr, ein wenig einsam zu sein, um unbeschwert flirten zu können. Für einen Flirt alle Bindungen hinter sich zu lassen.

Jungs und Männer machen die interessante Entdeckung, daß sich ungefähr sechzig Prozent aller hübschen Frauen während der kalten Tage verstecken. Von ihnen haben ungefähr 74 Prozent, so meine Erhebungen, in dieser Zeit auf jeden Fall einen Freund, auch wenn sie ihn nicht hundert Prozent lieben. Die anderen 26 Prozent bleiben viel zu Hause, gehen bei und mit Freunden essen. Gehen selten aus. Und die Top Hundert der Frauencharts sind während dieser Zeit außer Landes. Studieren in Los Angeles, arbeiten in Kapstadt, besuchen die Familie in Argentinien, fahren Ski in Megève, forschen in Asien. Mit den ersten Sonnenstrahlen sehnen sie sich nach dem bunten Treiben ihrer Stadt, bevölkern die Straßencafés, sitzen in Biergärten, spazieren an Seen, halten Händchen mit Männern und Jungs, die ihr Glück gar nicht fassen können. Der erste Flirt des Frühlings hält nicht einmal zehn Tage: Er ist nur ein kleiner Vorgeschmack auf das, was passieren könnte.

Ein einsamer Frühling oder Sommer ist die Bühne eines erotischen Balletts, bei dem die Solisten offen sind für kurze Pas de deux – was häufig genug in Affären endet, aus denen aus Versehen mehr wird. Die Ablenkung durch fremde Haut und fremde Gerüche, jene blitzhaften Momente von Intimität, beschäftigen und bezaubern die Einsamen Stunden und Tage, nicht aber mehrere Wochen. Die Trennung ist nahezu keine: Alles stürzt so ungeordnet auseinander, wie es zueinander fand.

Wenn die Kirschbäume blühen, die Schiebedächer der Autos offen sind und die Jungs ihre T-Shirts auch am Tag tragen, wenn die Mädchen und Damen ihre Spaghetti-Tops und kurzen Röcke aus den hinteren Schrankecken nach vorne sortieren, das Eis wieder schmeckt und im Altersheim die rüstigen Seniorinnen mit ihren Pflegern Schabernack treiben und flirten, dann weichen auch bei vielen Einsamen die Enge und Dunkelheit der Wintermonate einem ungewissen Gefühl der Zuversicht. Es ist heller und wärmer, und das läßt Sehnsüchte nicht mehr unerreichbar erscheinen. Der Blick auf das Thermometer bestätigt das Gefühl, daß alles gut werden könnte.

Vom Twen bis zur rüstigen Dame treibt es die Alleinstehenden in Scharen ins Fitness-Studio. Oder zum Joggen um den See. Der Körper wird für die Schlachten im Dating-Game in Form gebracht. Das Körperbewußtsein hat sich in den letzten zwanzig Jahren zum entscheidenden Kriterium für das Selbstwertgefühl entwickelt. Der Vorstellung von ewiger Jugend steht das Wissen gegenüber, daß wir alle immer älter werden. Deshalb wollen wir unsere Jugend festhalten; und auch, weil dies als der Königsweg zu ewigem Singleglück erscheint.

Mit der Welt zu flirten entbindet vom Zwang, irgendwo ernst machen zu müssen. Aber das klingt zu moralisch. Flirt als Dauerkonzept hält beweglich und die Gedanken frisch. Gesetzt den Fall, daß man sich nicht in den Irrungen und Wirrungen des anderen verliert, der zu betören ist oder von dem man betört wird.

Einsam im Luxus

Einer der schönsten Lovesongs der Popgeschichte beginnt mit der Einsamkeit als Normalzustand moderner, urbaner Menschen. »You can live your life lonely / Heavy as stone / Live your life learning / and working alone / Say this is all you want«, singt Neil Tennant von den Pet Shop Boys. Und dann kommt der universelle Zweifel des romantischen Lyrikers: Ihr einsamen, fleißigen Großstadtmenschen, ich glaube nicht, daß dies alles ist, was ihr wollt. Denn genau in dem Moment, in dem man am wenigsten darauf vorbereitet ist, wartet um die Ecke – es folgt der Refrain:

»Love comes quickly, whatever you do
You can't stop falling«

Die zweite Strophe wird noch deutlicher: »You can live a life of luxuries / If that's what you want, / Taste forbidden pleasures / Whatever you want / You can fly away to the world / But where does it get you to? / 'Cause just when you least expect it / Just what you least expect«. Und dann: die Liebe.

Arbeit, Luxus, Ausschweifungen und Reisen werden als typische Fluchtmuster der Einsamen identifiziert. Shopping, Kunstsammlerei oder andere zeit- und kostenaufwendige Steckenpferde vertreiben vielen Einzelgängern die Langeweile ihrer menschenfernen Zeit. Die Hermèsdecke soll wärmen wie die nackte Haut des Geliebten, der Schmuck kühlt den Hals wie ein eisiger Kuß, die Digital-Dolby-Monitor-TV-Anlage soll unterhalten wie die kluge, lustige Freundin, die man nicht hat, das mondäne Haus imaginiert die ersehnte Familie. Die Rundungen des Sportwagens ersetzen den Busen der Frau usw. usw. ... Jämmerliche Substitution. Ersatzbefriedigung.

Die mittelalten, aber zum Teil auch erstaunlich jungen, hübschen Frauen, die an Werktagen mit ihrem Mercedes SL 500 vor Cartier oder Chanel rollen, um sich die neuesten Kollektionen vorführen zu lassen, sind von einer bittersüßen Aura der Melancholie umgeben. Sie sind höflich und zart, ihre Männer verehren und lieben sie (was nicht heißt, daß sie sie nicht mit noch jüngeren und schärferen Frauen betrügen), die Gesellschaft respektiert sie, ihre Freundinnen beneiden sie. Aber manchmal, in den

Umkleidekabinen, wenn sie nur mit ihrem neuen La-Perla-BH und der engen Jeans bekleidet in den Spiegel blicken und den im Fitness-Studio wundervoll geformten Körper sehen, die geschmeidige Haut, die von Kaviarmasken und unzähligen Wellness-Wochenenden profitiert hat, die feingliedrigen Finger, die 200-Euro-Frisur, dann bemerken sie, daß ihre Augen feucht sind und kleine Tränen ihre gebräunten Wangen hinunterlaufen. Sie haben alles. Sie sind glücklich. Sie leben in einem Alptraum. Es ist Zeit, alles hinter sich zu lassen.

Sie wischt sich die Tränen ab, faltet den himbeerfarbenen V-Ausschnitt-Pullover zusammen, kauft ihn nicht, nimmt nur den grauen Flanell-Mini und zahlt. Die bewundernden Blicke der Verkäuferinnen und Passanten bemerkt sie nicht. Sie will weg. Sie ruft auf Mallorca an: die Haushälterin in der Finca wird über die baldige Anreise der Señora informiert, der Flug gebucht, der Mann angerufen:

»Ich muß mal wieder raus ...«

»Warum?«

»Sonne tanken.«

»Gut, ich liebe dich.«

»Ich dich auch.«

»Sehen wir uns noch?«

»Ja, heute abend. Ich fliege morgen früh.«

»Gut, bis später.«

»Ja, bis später.«

Sie trifft die beste Freundin zum Cappuccino. Die beste Freundin hat einen Liebhaber, einen Studenten, und genießt es, mal richtig durchgefickt zu werden, denn ihr Mann stochert nur mehr lustlos in ihr herum, während er an eine der beiden dicken Sekretärinnen denkt. Wegen des Liebhabers hält sie die beste Freundin für ebenso ruchlos wie lebenslustig. Ihr selbst erscheint so etwas als stillos. Sie zieht es vor, einsam zu sein. Ihr Mann schläft nur einmal im Monat mit ihr, mehr aus Mitleid, denn aus Leidenschaft. Sie ist 35, hat studiert, gemodelt und viel Geld verdient, jetzt ist sie nur noch Luxushausfrau, der Sohn ist im Internat, sie liebt ihren Mann. Sie weint viel.

Auf dem Weg zum Flughafen am nächsten Morgen hört sie die Pet Shop Boys. Die und New Order mochte sie immer am liebsten. Zu »West End Girls« hat sie 1985 auf das Abitur gelernt. Die affektierte Verletzlichkeit und Verlassenheit in der Stimme von Neil Tennant waren ihr Spiegel der eigenen Seele: Sie blieb der Band mit den frühreifen Texten und den bittersüßen Melodien treu. Auch sie fühlte sich immer verlassen, obwohl sie die Jungs scharenweise zurückweisen mußte. Der Vater, ein gutgelaunter Autohändler und Kunstsammler, warnte die aufgeregten Pubertierenden, er habe ein Gewehr unter dem Bett. Sie blieb still in ihrem Zimmer und las. Sie wollte keinen Freund. Erst einmal nicht. Sie wollte für sich sein. Sie war hübsch, ja, aber sie wollte damit nicht hausieren gehen. Sie wollte kein Statussymbol sein. Sie wollte die große Liebe: die absolute Romantik. Mit 23 hatte sie drei Freunde gehabt, viel miesen Sex und zuwenig Zeit für sich. Dann traf sie einen älteren Mann, schlau, gutaussehend, irgendwie anders. Er verdiente genug Geld, sie liebten sich, er war gut im Bett, er trug sie auf Händen, er machte ihr einen Antrag, sie heirateten, bekamen einen Sohn. Und mit einem Mal war alles gut und für sie auch vorbei.

Alles ist vorbei. Sie ist einsamer denn je. Ihr Sohn ist ihr fremd. Wirklich nahe ist ihr nur die Mutter, der sie auf so unselige Art ähnelt. Auch die Mutter ist in ihrer Ehe erstarrt: unglücklich glücklich. Stoisch, stolz, ungebrochen zerstört.

Sie träumt davon, alles hinter sich zu lassen und nach Afrika zu gehen, um dort den Ärmsten der Armen zu helfen. Sie muß selbst lachen, wenn ihr diese altruistischen Phantasien durch den Kopf geistern. Ihre Freundinnen jauchzen, wenn sie davon erzählen. »Glücklicherweise«, prusten sie im Chor, »kommt in solchen Momenten immer der neue Katalog vom Quartier 206.« In dem Luxuskaufhaus in Berlin haben die Freundinnen zusammen schon gut eine Million Euro durchgebracht. Ihr Mann gibt ihr das Geld gerne: Er ist in seinem Job als Herzchirurg nicht nur gefordert, sondern wird auch mit dem Gefühl belohnt, etwas Gutes und Sinnvolles zu tun. Irgendwas gefällt ihm an der Vorstellung, daß er seine Frau zu einer Luxuspuppe erzogen hat. So hat er ein besseres Gefühl, wenn er mit den jungen Assistenzärztinnen schläft, diskret und hochprofessionell. Nicht, daß er es sonderlich genießt. Es ist genauso unterhaltsam bzw. langweilig wie die vielen Aufenthalte in Soler oder die Skiferien am Arlberg, die Kunstreisen nach New York, die Besuche bei

Freunden in Argentinien. Er will nicht mehr exotisch sein. Er hat sich in seinem Alltag alles so eingerichtet, wie er es angenehm findet. Er ist in der Ehe einsam geworden. Die jungen Frauen, die er beschläft, verhöhnt er, ohne daß sie es merken. Er ist ein liebenswertes, charmantes, stattliches Monster mit guten Manieren und großer Schlagfertigkeit. Man lädt ihn und seine bezaubernde Gattin gerne ein. Sie sind eine Art Traumpaar. »Ein Königspaar«, wie seine beste Freundin spöttelt. Keiner ahnt etwas von der Eiseskälte, die die beiden aneinanderfriert. Nach außen sind sie das perfekte Paar, führen die perfekte Ehe, haben das perfekte Kind, den perfekten Bauhaus-Bungalow, das perfekte Ferienhaus, die perfekte Altersvorsorge, den perfekten Geschmack, die perfekte politische Meinung.

Die Verklärung ihrer Ehe hat ihre Einsamkeit nur verstärkt. Sie sind Vorbild für die anderen – und sie haben diese Rolle dummerweise akzeptiert. Im Irrealis ihrer Idylle haben sie sich nichts mehr zu sagen.

Das Leben in Luxus und Wohlstand als Gefahr für das Seelenheil hat Stanley Kubrick in »Eyes Wide Shut« porträtiert. Ein New Yorker Arzt (Tom Cruise) und seine Ehefrau (Nicole Kidman) suchen der Monotonie bürgerlicher Extravaganz durch Affären und Orgien zu entkommen – und sind sich am Ende des Films näher denn je. Durch die Überschreitung sexueller Tabus können sie ihre Vereinzelung überwinden, wenn auch mit Verletzungen und Narben: Es hat seinen Preis, sich in den Exzess, das ekstatische Außer-Sich-Sein zu stürzen, um von dort aus neu auf den anderen zuzugehen. Als Cruise und Kidman fertig gedreht hatten, war ihre Beziehung am Ende. Kubrick, der geniale Menschenmanipulator, hatte die beiden hochprofessionellen Hollywoodstars aus den Kokons ihrer Alltagshaltungen herausgelockt. Und siehe da: in der neuen Freiheit erkannten sie, daß sie nicht zueinander paßten. Insofern waren die sehr intensiven Dreharbeiten eine aufwendige Therapie. Der Ehrgeiz der beiden, und die Berechnetheit ihrer Vorzeigebeziehung, machte die Gemeinsamkeit in dem Augenblick verletzlich, wo einer das Strickmuster ihrer Liebe offenlegte. Wenn es denn im Falle von Cruise und Kidman jemals Liebe gewesen sein kann.

Auf den Satz »Geld allein macht nicht glücklich«, kann man nur fragen, ob man ärmer glücklicher wäre. Das bestimmt nicht; aber statt noch mehr Geld hinterherzujagen, könnte man mehr Zeit für Dinge aufwenden, die einen wirklich glücklich machen. Hippie-Romantik kennt keine Einsamkeit, da sind immer irgendwie alle mit allen zusammen – wie in der abenteuerlichen Kommune, in der der Ex-Kommunarde Rainer Langhans zusammen mit fünf Frauen in München-Schwabing wohnt.

Luxus beschreibt klassischerweise jenen Aufwand einzelner aus Mitteln ihres Privateigentums, der über den notwendigen, durchschnittlich üblichen Lebensbedarf hinausgeht, mithin gegen die allgemeine Auffassung vom Sinn des Eigentums verstößt, wie ein idealistisches Philosophielexikon dies formuliert. Im Lateinischen bedeutet

Luxus »Verschwendung«. Im Kapitalismus hat der Luxus vielerlei Funktionen: Er dient der Distinktion, das heißt, er teilt allen Leuten mit, daß man es im Wettbewerb der Güter und Ideen zu Erfolg und Wohlstand gebracht hat. Luxus ist ein Überlegenheitssymbol. Gleichzeitig dient er der Lustbefriedigung. Leidenschaften werden im Luxus sublimiert. Materialien wie Gold, Krokoleder oder Titan umschmeicheln den Besitzer.

Einsame Frauen ab Anfang Vierzig, meist aber über Fünfzig, haben ein kleines Wohlstandsbäuchlein und blinzeln den eleganten Käseverkäufern hinterher. Die Kreditkarte ihres Mannes macht sie schon lange nicht mehr glücklich. Und dann, bei einem ruhigen Blick auf die beste Freundin, die neben ihnen am Champagnerglas nippt, ahnen sie, daß sie mit dieser Frau eigentlich auch nichts mehr verbindet. Ihre Kinder haben zusammen Abitur gemacht. Aber jetzt? Auch der X5 in der Tiefgarage und das Segelboot auf Sylt haben ihre Bedeutung verloren. Im Meer des Wohlstands sind die Gefühle ausgetrocknet.

Einsam in der Familie

Oliver ist seit genau 16 Monaten Single. Es könnten genausogut 28 Monate sein. An irgendeinem Montag fiel ihm auf, daß er abseits seiner mit kühler Perfektion vollzogenen Eroberungen – allesamt glanzlos, wie er meint – schon lange kein echtes Date mehr hatte. Kein Kinofilm, den er aufgeregt verfolgte, weil neben ihm die Frau saß, die er später küssen würde. Er kann sich an kein Abendessen mit einer Frau erinnern, die ihn interessierte, geschweige denn irgend etwas von Belang zu berichten oder zu räsonieren hatte. Nach fast eineinhalb Jahren als Single fällt Oliver auf, daß er bald vierzig wird – und der Liebe keinen Schritt näher ist. Nicht, daß er seine Ex-Freundin vermissen würde; nein, es ist das Gefühl, jemanden zu vermissen, das er vermißt. Er sehnt sich nach der Rückkehr der Bedeutung in seinem Leben.

Angestoßen wurde der Prozeß durch das um sich greifende Verklumpungsverhalten seiner besten Freundinnen und Freunde, die jetzt allesamt in Beziehungen leben. Essen bei den Eltern absolvieren, verliebt Wohnungen und Häuser besichtigen, Autos kaufen (schöne, alte noch dazu), die nicht mehr anrufen, weil sie glücklich sind. Es macht Oliver nicht unglücklich, im Gegenteil. Er weiß nur, wie sehr er sich über etwas Nähe freuen würde, vorsichtig ausgedrückt. Der Trouble nach seiner Trennung hat sich gelegt. Die Frau hat er fast vergessen, obwohl er irgendwann einmal dachte, sie wäre diejenige, die ihn erlösen sollte. Jetzt weiß er, daß er sich selbst erlösen muß, im besten Fall. Eigentlich ist ihm klar, daß Erlösung ein altmodisches Konzept ist.

Sein Leben funktioniert gut. Er ist fleißig, bekommt Anerkennung, hat Spaß im Beruf, wunderbare Freunde und schöne eigene vier Wände, in denen er sich ganze Wochenenden verkriechen kann, ohne daß ihm auch nur annähernd langweilig wird. Er ist glücklicher, deutlich glücklicher als in den letzten Monaten seiner Beziehung. Und doch befriedigen ihn die Affären und One-Night-Stands noch weniger als in seinen Teenager- oder Twen-Zeiten. Er hat nicht einmal mehr Lust auf Sex. Er onaniert und bekommt dabei fast Kopfschmerzen, weil er die sexuellen Highlights seiner Vergangenheit wieder und wieder plündern muß.

Irgendwann beginnt er, seine Wohnung aufzuräumen. Er verstaut die Akten aus dem Anwaltsbüro, wo er als Notar glänzt, in einer Schublade, kauft schöne Lampen, Kronleuchter und sogar einen alten chinesischen Teppich bei einem Antiquitätenhändler. Eines Samstags ist es dann soweit: er kauft zum ersten Mal Blumen für sich selbst. Weiße Tulpen. Lieber hätte er langstielige weiße Rosen gekauft, doch die scheinen ihm zu teuer, schließlich kann er sie nur morgens für zwei Minuten in der Küche und abends für eine halbe Stunde vom Wohnzimmer aus genießen. Er läßt drei Bündel Tulpen zusammenwerfen. »Wie soll ich sie schneiden? Für wen sind sie denn?« Oliver wagt dem freundlichen jungen Mann nicht zu gestehen, daß die Blumen für ihn selbst sind. Vergnügt lächelt er in sich hinein, als er bezahlt.

Die Treppen des alten Bamberger Fachwerkhauses knirschen, als er mit den Blumen gut gelaunt nach oben steigt. Die richtige Vase findet er nicht auf Anhieb. Als die Tulpen dann auf dem weißen Küchentisch stehen, staunt er über sich selbst. Er glaubt sich das nicht. Erst langsam wird ihm klar, daß er sich gerettet hat – vor drohender

Verzweiflung. Er will unter keinen Umständen verrohen oder noch zynischer werden. Seiner weichen, wertvollsten Seite darf nichts geschehen. Ohne sie würden seine Härte und Durchsetzungskraft hohl, karrieristisch, uncharmant und verblödet daherkommen.

Oliver hört jetzt viel klassische Musik. Eigentlich ist er weicher, als er es je war, obwohl Kollegen, Freunde und Bekannte Wetten abgegeben hatten, daß er nach dem verheerenden Ende seiner großen Liebe verbittern würde. Daß er die Einsamkeit nutzt, um sich zu resensibilisieren, hat sie verblüfft. Oliver ist sich nicht nur treu geblieben, wie er hoffte, sondern bemerkt unvermutet, daß er erst jetzt zu sich findet. Es ist nur mehr eine Frage der Zeit, bis die richtige Frau um die Ecke biegt, die er erst heiraten, dann lustvoll schwängern wird. Ist es nicht lustig, daß Männer bei sich selbst für eine gute Idee halten, was sie bei Frauen abschreckt? Nämlich den zukünftigen Partner schon als Elternteil in die eigene Vorstellung des Lebens einzuplanen.

Oliver träumt oft von seinen Schwiegereltern. In einer Folge von »Sex and the City«, die er besonders mochte, erzählt Carrie, wie sie fast mit einem mittelmäßigen Typen, der schlecht im Bett war, zusammenkam, weil sie dessen Familie so inspirierend und großartig fand. Oliver kann das sehr gut nachvollziehen. In Momenten größter Einsamkeit träumt er von der Hochzeit mit einer wunderbaren Frau mit einer wunderbaren Familie.

Die Vorfreude beflügelt Oliver an sonnigen Tagen, an anderen kann er durchaus gereizt wirken.

Seine Eltern schämen sich für ihn. Nicht nur für die Tatsache, daß er in der freien Wirtschaft Karriere gemacht hat und gutes Geld verdient, sondern auch dafür, daß er sagt, er sei glücklich. »Das glaube ich nicht«, herrschte ihn die Mutter am Telefon an. »Wie soll ich es dir beweisen? Du mußt es mir glauben.« Die Mutter und der Vater, Produkte der Revolte von 68 und ihrer bizarren Lebenslügen, können nicht verstehen, daß man einsam glücklich sein kann. Wollen es vor allem nicht verstehen, weil sie ihr Leben nach vierzig Jahren Ehe wie einen gemeinsamen Gefängnisspaziergang organisiert haben.

Oliver liebt die soziale Ader seiner Eltern, und als der Vater für Misereor ein Jahr seinen Job als Deutsch- und Geschichtslehrer ruhen ließ und in Brasilien missionierte, war Oliver in Gedanken bei ihnen, doch besuchen wollte er sie im Elend nicht. Der Vater, und das ist noch die interessanteste Seite an ihm, weiß nicht, was er vom Papst halten soll. Die Mutter ist von der einst hoffnungsfrohen Cellistin zum Anhängsel der Weltsicht des Vaters mutiert. Sie leben in besserwisserischer, larmoyanter, kleinkarierter Zweisamkeit, wie Oliver in einsamen Stunden betont ungerecht feststellt.

»Lieber auf ewig einsam bleiben, als irgendwann so werden«, hat er sich geschworen. Sein bester Freund Dominique schüttelt den Kopf. Er ist verheiratet, hat Kinder und sagt nur: »Deine Eltern sind jetzt Pflegefälle, auch wenn sie rüstig sind. Die reden nur mehr Schmarrn und brauchen deine Zuneigung. Sei lieb.« Oliver fragt sich oft, ob die Enge seiner Familie und die fast dogmatische Verkettung von Vater und Mutter, ob ihn all dies so lange hat einsam sein lassen. Als eine Art Gegengift.

Nach 18 Jahren im Kreise dieser Familie war ihm jede Zerrüttetheit ein Segen. Und je älter er wurde, um so mehr erkannte er, daß die Nähe und Enge der Familie Stärke bedeutete, gleichzeitig aber auch die einzelnen Mitglieder schwächte und verstörte. Die Balance zwischen Abhängigkeit und individueller Souveränität kippte mit zunehmendem Alter in Richtung Abhängigkeit. Oliver reagiert allergisch darauf. Seine Eltern tun ihm leid. Aber, wenn er ganz ehrlich ist: er verachtet sie auch. Sie haben es sich in der Zerstörung ihrer Träume bequem gemacht. Und er wußte früh, daß er einmal ein ganz anderes Leben führen wollte.

Schon als Kind blickte er fasziniert auf jene luxusverwahrlosten Gleichaltrigen, in deren Bungalows nie Eltern anwesend waren. Die Kinder konnten machen, was sie wollten, nur Putzfrauen und Klavierlehrer störten. Manchmal kam einer dieser cabriofahrenden und golfspielenden Elternteile wie zu einem flüchtigen Stop-Over in die Küche, nahm eine Erfrischung zu sich, telefonierte und begrüßte die Gäste der Kinder mit einem kurzen, freundlichen Nicken. Sonst nichts. Oliver fand das unendlich cool. Endlich kein Vater, der jedes Kind über Interessen, Hobbies, Politik, die Eltern und die Schule verhörte. Endlich keine Mutter, die sofort zu kochen begann, sobald sich Besuch der Haustür näherte. Diese Kinder waren frei. Sie waren mutiger. Und bindungsfähiger, weil sie nie daran glaubten, daß die Liebe unendlich sei und für immer halte. Sie waren Emotionspragmatiker, während Oliver den Eindruck hatte, zum Gefühls-, besser noch Gemütsfundamentalisten erzogen worden zu sein.

Während seines Jurastudiums kam es mitunter zu kuriosen Diskussionen, wenn er im Familienrecht immer die Freiheit über die Verpflichtung stellte; er merkte, daß er mit seiner Überdosis Gefühl im Elternhaus alleine gegen Dutzende von Kommilitonen stand, die ohne Zuneigung und Aufmerksamkeit aufwachsen mußten. Als er im Laufe des Studiums auch die hübschesten Kommilitoninnen und Bar-Affären sausen ließ, schien sein Zuneigungstank von der Zeit im Elternhaus noch immer halb voll.

Seit gut drei Jahren ist der Tank leer. Er freut sich über die Sehnsucht nach Nähe. Sie ist ein Triumph.

Ein Herbst und ein Winter e i n s a m

Die sinnvollste Zeit, um einsam zu sein. Große Lieben finden sich meist im Herbst und enden auch dann. Der September ist der Monat der Entscheidung. Im April begegnet man sich, im Mai lernt man sich kennen. Mit Irrungen und Wirrungen flirtet man durch den Sommer, guckt mal nach links, mal nach rechts. Aber der Mensch, dem Mitte August die meisten Gedanken gehören: das wird die große Liebe. Zumindest jene, mit der man den heraufziehenden Herbst und den bald drohenden Winter verbringen wird. Jungs haben die Vorstellung, daß Frauen sich mit dem ersten Laub, das von den Bäumen fällt, nach dem Arm sehnen, der ihnen eine warme Decke um die Schultern legt, wenn es kühler wird. Frauen wollen im Herbst nicht alleine sein. Jungs nehmen es hin.

Selbst gute Single-Frauen neigen dazu, sich gegen Ende August den erstbesten Volltrottel zu schnappen, egal ob mit Bisexuellen-Vergangenheit oder sozialer Demenz, nur um nicht alleine überwintern zu müssen. Vielleicht, weil das Alleinsein an grauen Herbst- und Wintertagen so viele Fragen aufwirft, die man lieber im Fick-und-Freß-Alltag vergißt. Jede nicht gestellte Frage entspannt. Daß sich dies spätestens im nächsten Frühjahr rächt, ist ebenso klar wie unerheblich. Der Junge, der, von seiner großen Liebe verlassen, den Weg in Einsamkeit und Kälte wählt und einen Herbst und Winter in zarter Melancholie verstreichen läßt, ist im Frühjahr besser aufgestellt. Er hat sich – wieder in den Worten Wilhelm Schmids – mit der Melancholie angefreundet. Er ist Quartals-Melancholiker. Die Phasen zarten Unglücks dienen der Selbstnordung und -eichung. Die »gefühlsbewegte und reflektierte Melancholie steht für Sensibilität, Besinnung und Selbstbesinnung« so Wilhelm Schmid; »das melancholische Selbst ist imstande, reflexive Distanz zu allem zu gewinnen und die Selbstverständlichkeiten zu verlieren, in denen Menschen gewöhnlich leben, ohne es recht zu bemerken; sich selbst sogar fremd zu werden und den Zusammenbruch der eigenen ›Identität‹ zu erleben.«

Das alles erlebt also der junge Mann oder auch die

nicht durch Einsamkeit zu erschreckende Frau als eine Art Purgatorium, um sich danach wieder auf jemand anderen verlassen zu können. Die Ausflüge aus dem Selbst, um dann wieder Heimweh nach ihm zu verspüren, hinterlassen erotisch-romantische Spuren. Der Blick des Einsamen auf das andere Geschlecht meint mehr die Gattung als Individuen. Der Einsame trifft Frauen, die Einsame trifft Männer. Sie küßt, sie liebt, faßt an, zieht aus, sie betört und beglückt, bleibt dabei alleine. Einsame suchen keine Nähe, sondern Berührungspunkte. Nicht mehr.

Sagen wir, es ist später November, der erste Schnee ist schon wieder geschmolzen, die Blumen auf dem Balkon verkümmern. Über die Plätze der Stadt wehen alte Plastiktüten und im Fernsehen beginnt das Vorweihnachtsprogramm. Einsame Frauen sitzen dann gefaßt an ihrem Küchentisch, stützen das Kinn in die Hände und blicken aus dem Fenster. Mit zwanzig fragen sie sich, ob dies jetzt der Anfang vom Erwachsensein ist. Mit 28 kennen sie das Gefühl, ohne es zu mögen. Sie agieren routiniert und halten ihren Radar auf Hochbetrieb. Vielleicht kommt in der Adventszeit noch was Süßes um die Ecke. Die Weihnachtsfeier in der Agentur. Der nette Typ aus der Buchhaltung. Nein, nicht der Chef. Tabu. Achtzig Prozent dieser Frauen haben bei der Weihnachtsfeier keinen Sex und 95 Prozent lernen auch niemanden kennen. Sie sind die bevorzugten Opfer für ein sogenanntes Desaster-Silvester. Drei Single-Frauen, fünf Jungs, vier Pärchen, zwölf Unbekannte. Ein richtig mieser Start ins neue Jahr: den

BH bei der besten Freundin im Bad verloren, mit einem betrunkenen Typen mit Haarausfall schlechten Sex gehabt und dann auch noch kein Taxi bekommen. Am nächsten Tag ruft die beste Freundin an und erzählt, daß sie versucht hat, mit dem Freund ihrer Schwester zu knutschen. Willkommen im neuen Jahr. Wer das neue Jahr mit einem Absturz beginnt, hat zwei Möglichkeiten: in Zukunft alles anders zu machen als in den vergangenen sieben Stunden – oder aber das Jahr mit sofortiger Wirkung abzuschreiben, sich locker zu machen und vor sich hin zu vegetieren. Die Katharsis erfordert Konsequenz.

Spätestens im Januar sind alle Freunde und Freundinnen der Einsamen oder des Einsamen entweder verliebt, frisch in einer Beziehung oder geradezu wild entschlossen zu heiraten. Wer jetzt noch einsam ist, meint es wirklich ernst. Untersuchungen haben ergeben, daß die Chance, einen Partner zu finden, mit der Dauer des Single-Daseins abnimmt. Die Bereitschaft, sich auf einen anderen Menschen einzustellen, auf seine Vorlieben und Marotten, läßt nach. Die liebgewonnene Eigenverantwortung ohne Kompromisse verringert die Lust auf Zweisamkeit. Aber, und das ist vielleicht viel wichtiger: wer sein Leben in selbstgewählter Einsamkeit verbracht hat, beendet diesen Zustand nur, wenn die Liebe groß ist. So gesehen mag zwar jedes einsame Jahr die Wahrscheinlichkeit auf das Glück mit einem anderen Menschen schmälern. Aber jedes Jahr des Wartens kann auch als Opfer auf dem Altar der Großen Liebe verstanden werden. Als sehnsüchtiger Liebesdienst für die Frau oder den Mann, die da kommen mögen.

Im Winter sitzen beim ritualisierten Sonntagsfrühstück im Café oder in üppig dekorierten Eßzimmern von Freunden fast nur Paare. Der Einsame ist deutlich die Ausnahme. Wo er auch hinblickt, seliges Streicheln über Haarlocken, giggelndes Servieren von Pflaumenkuchenstückchen auf einem kleinem Silberlöffel direkt an den Mund der Geliebten. Alle machen Pläne für den nächsten Urlaub. Der Einsame wird zum Liebesorakel. Er freut sich mit den Freunden, aber er ahnt, daß die Einsamen jetzt ganz unter sich sind. Bücher, Musik, jede verdammte Ausstellung im Museum, DVDs: sie müssen jetzt die Nicht-mehr-Single-Freunde ersetzen.

Einsam an Weihnachten

Schockierend war für den Jungen der Augenblick, als er am Heiligen Abend nach der Bescherung die geschiedene Tante im Zimmer neben sich weinen hörte. Bitterlich weinen. Als wollte sie das Elend ihrer Existenz, geschieden, mittelalt, eher dick und nicht wirklich schlau, im Anblick der perfekten Familie und ihrer wohldosierten Heiterkeit nicht mehr ertragen. Der kleine Junge wußte, daß er nicht helfen konnte und es im Grunde auch nicht wollte. Was er aber in jener eisigen Nacht nicht wissen konnte, war, daß das Schluchzen im

Nebenzimmer der Beginn einer Herzensöffnung war, an deren Ende die Tante, schlanker und schlauer, in den Armen eines netten älteren Herrn mit ähnlichen Interessen landen sollte.

Die Einsamkeit an sogenannten Familienfesttagen ist traumatisch. An Heiligabend oder Silvester glühen die Leitungen der Telefonseelsorge, machen die Pfarrer Überstunden und steigt die Zahl der Selbstmordversuche. In jenen Stunden der Not und der Verzweiflung keimt aber, wie bei der Tante des kleinen Jungen, die Erkenntnis, daß es so nicht weitergehen kann, und also bedeuten die Momente der Hoffnungslosigkeit manchmal auch die rettende Katharsis.

Die Kirchen sind voll an diesen Tagen. Die Alten und Verstoßenen, die Gebrechlichen und die Verlassenen blicken einander verstört an, während sie dem Pastor lauschen. Zögerlich schielen sie zu den herausgeputzten Familienclans hinüber, in deren selbstbewußtem Strahlen sich der Glanz üppiger Bescherungen ankündigt und die den Einsamen in dieser Nacht wie eine Bedrohung erscheinen müssen.

In der Kirche sitzen viele alte Menschen, die Angst haben, so einsam zu sterben, daß man sie erst Monate später findet, wenn Leichengestank aus der Wohnung dringt. Der wöchentliche Besuch in der Kirche verpflichtet den Seelsorger nachzusehen, wo sonst niemand mehr nachsieht. Die Zahl der unbemerkt Verstorbenen nimmt zu. Schockierend war im Jahr 2004 der Fall eines finnischen

Beamten, der zwei Tage lang tot an seinem Schreibtisch saß, bevor man sein Verscheiden bemerkte.

Neben den alten, einsamen Menschen dient die Kirche auch jenen als Auffangbecken, die an der Gesellschaft nur begrenzt teilhaben dürfen. Ich behaupte, daß fünfzig Prozent der Kirchgänger nicht wegen ihres Glaubens zur Messe gehen, sondern weil sie so in eine Gruppe integriert werden, ein Zugehörigkeitsgefühl erfahren.

Einsam bei der Karriere

Machen Einsame Karriere, weil sie ihre Zeit nicht mit sinnlosen Sozialkontakten vergeuden, oder werden Menschen im Laufe ihrer Karriere einsam? Wahrscheinlich stimmt beides und bedingt sich gegenseitig. In den achtziger Jahren wurde in Deutschland, aber nicht nur dort, Manager-Bashing außerordentlich populär. Gerne sprach man von den »Nieten in Nadelstreifen« und zeigte in soziologischen und psychologischen Untersuchungen eine große Übereinstimmung zwischen beruflichem Erfolg und neurotischen bzw. psychotischen Strukturen auf. Tenor: Die sind nicht nur hart und erfolgsgeil, sondern meist auch gestört und gefährlich.

Mit solchen Thesen konnte man sich im linkspopulistischen Deutschland viele Freunde machen. Insbesondere bei weniger erfolgreichen Menschen, denen die Arbeitstiere suspekt sind, die in Kanzlei, Büro oder Laden ihre dritte Schicht fahren, während alle anderen nach Hause gehen. »Der hat einfach niemanden«, schütteln die Kolleginnen den Kopf. »Sie ist doch so süß und hat nichts als Karriere im Kopf«, murren die weniger fleißigen Männer in der Kantine. In einer Mischung aus Bewunderung, Abscheu und Mitleid werden die beruflich Einsamen halbherzig stigmatisiert. Die Mitwelt weiß nicht, wie sie mit ihnen umgehen soll. Handelt es sich um Opfer oder Täter, muß man sie kontrollieren oder ihnen helfen, wollen sie Liebe oder Geld?

»Lustigerweise habe ich mir diese Frage immer wieder gestellt«, erzählt Florian, ein erfolgreicher Nachtleben-impresario im Ruhrgebiet. Angefangen hat es mit einem lausigen Jurastudium, ein paar Jobs als Fußballreporter und schließlich mit einer Bar, die er als eine Art inoffizieller Geschäftsführer für einen Freund managte. Als der schließlich heiratete, Zwillinge bekam und lieber wieder mit Immobilien handeln wollte, griff Florian zu. All sein Erspartes investierte er in die freiwerdenden Bar-Anteile, und er arbeitete Tag und Nacht, damit die Sache lief. Er hatte immer gerne gearbeitet, er verabscheute Faulheit – denn wenn er nichts tun wollte, bemerkte er, wie einsam er war. Es gab nur wenige Menschen, mit denen er es aushielt. Und nur mit ihnen wollte er Zeit verbringen. Er wollte ihnen aber nicht auf den Wecker fallen, und außerdem hatte er schon als Kind bemerkt, daß er eher Einzelgänger als Teamplayer war.

Florian würde immer von sich behaupten, er sei Romantiker. Auch jetzt noch, mit 42. »Ich verliebe mich eben nicht so schnell«, rechtfertigt er sich, wann immer ihn Freunde oder die Familie verhören. Seine Mutter hatte Angst, er sei schwul. Das amüsiert Florian. Er hat festgestellt, daß er nicht einmal ansatzweise bisexuell ist. Sex ist auch nicht so wichtig. Die größte Erfüllung findet er in seinem Job. Deshalb wurden aus der Bar schnell eine Bar und ein Restaurant, dazu kamen ein kleines Hotel und ein Club, der ihn weit über die Grenzen des Ruhrgebietes bekannt machte. Er verdiente soviel Geld, daß er sich einen schönen alten Bungalow in Krefeld kaufen konnte, einen schwarzen BMW X5 und schließlich auch zeitgenössische Kunst. Seine DVD-Bibliothek wächst so schnell wie sein Meilenkonto bei der Lufthansa. Er besucht alle Kunstmessen und fliegt auch nach London oder Mailand, um eine Fotografie oder eine Zeichnung zu kaufen.

Manchmal, in der Senator-Lounge, zwischen all den trostlosen Workaholics, fragt er sich, ob er so enden will. Mit einem beeindruckenden Bankkonto, unzähligen Bekannten, wenigen Freunden und ohne Frau. Er will es nicht.

Sensible Einsame, die in einem Beruf arbeiten, in dem sie ihre Sensibilität einbringen können und sollen, müssen aufpassen. Die Verklärung der Einsamkeit, ihr Genuß kann andere Menschen verschrecken. Dem Werber Axel ist es so ergangen: »Allein sein, einsam sein, wird in unserer Gesellschaft leider viel zu oft als etwas Negatives verstanden. Nehmen wir nur das Beispiel der Musik. Vor kurzem trafen wir uns in der Agentur, um die Musik zur Untermalung eines Spots auszusuchen. Ich hatte unter anderem ein melancholisches Stück von Elliott Smith namens ›Angeles‹ gewählt, welches meiner Meinung nach ideal paßte, um dem Ganzen den richtigen emotionalen Rahmen zu geben. Kaum hatte ich das Stück angespielt, schlug mir eine Welle von Abwehr entgegen: was das denn überhaupt für ein Song wäre, da würde man sich ja eher die Pulsadern aufschneiden, als sich für das beworbene Produkt zu entscheiden. Ich war perplex, wie anders meine Kollegen die kleine Melodie wahrnahmen, und gleichzeitig enttäuscht, wie schnell sie sich vom Anflug einer melancholischen Stimmung aus der Bahn werfen ließen. Es zeigte mir wieder einmal, daß viele Menschen gar nicht mit sich alleine sein wollen oder können und die Konfrontation mit sich und der einsamen Seite ihres Selbst scheuen. Dabei ist allein sein und die dabei manchmal aufkommende Traurigkeit gar nichts Schlimmes, im Gegenteil, wenn man sie als Teil des Lebens versteht, als einen wertigen Teil, durch den man viel über sich und seine Gefühlswelt lernen kann, erfährt man Einsamkeit auch in anderer Form und begreift sie eher als stärkende denn als kontraproduktive Kraft.«

Ein Jahr Einsamkeit

Einsamkeit ist ein schleichendes Gift. Es wirkt zuerst unschuldig als ein Moment präsozialer Konzentration: Die Einsamkeit öffnet sich auf die Nicht-Einsamkeit hin. Doch mit Fortdauer existenztechnischer Rituale werden die Momente der Einsamkeit immer weniger durch die Aussicht auf das Nicht-Einsam-Sein bestimmt. Die Einsamkeit ist nicht mehr Vorspiel der eigentlichen Existenz, sondern ihr Kern. Das Anwachsen der Single-Gesellschaften in allen Wohlstandsregionen der Welt umgibt diese Einsamkeit mit der Aura des Luxus.

Das ist fatal. Der Individualismus als eigentlicher Motor von Aufklärung und Moderne gefährdet diese Gesellschaften da, wo sie am weitesten fortgeschritten und ausdifferenziert sind. Ausgerechnet in den aufgeklärtesten und modernsten Schichten kippt der Individualismus in eine Art asozialen Solipsismus um. Die zementierte Bindungslosigkeit zerfrißt die Familien und zerstört so das Fundament bürgerlicher Gesellschaften. Dabei geht es nur um die richtige Dosierung.

Ein Jahr Einsamkeit hilft der Klärung.

Mein Freund Lars ist seit genau einem Jahr einsam. Seine letzte Freundin war eine psychopathische Nymphomanin, eine Tirolerin lustigerweise. Ihn betrog sie nicht, aber ihre Liebe hat – trotz langer glücklicher Wochen in Kapstadt – nicht gehalten. Lars ist Student, junger Unternehmer und Gelegenheitsmodel. Seiner Theorie zufolge ist er deshalb so oft und so lange einsam, weil er so gut aussieht. »Frauen«, erklärt er bestimmt (und häufig), »wollen immer mit mir schlafen, weil ich so gut aussehe. Sie benutzen mich als Sexobjekt.« Manche Menschen schmunzeln darauf, andere empfehlen ihm einen Psychiater. Wenn er in seiner Heimatstadt Hamburg ausgeht, grüßt und küßt er viele Frauen. Wirklich nahe ist er keiner. Seine Freunde sind die Ersatzfamilie: Sie lassen ihn vergessen, daß er einsam ist.

Andererseits: er ist sehr glücklich. Er spielt viel Golf, guckt DVDs, kann an Hiphop-Abenden jeden Text mitrappen und strahlt, wenn er spürt, daß die Frauen auf ihn abfahren. Er grinst, ist lustig, charmant bis zum Abwinken, vergeigt es aber regelmäßig im letzten Moment, wenn er eine niedliche junge Frau so gut wie sicher im Arm hat. Er kann und will sich seine Exzentrik nicht verkneifen. Er liebt gute Pointen mehr als die Frauen, mit denen er sich vergnügen will. Sex ist weniger wichtig als Selbsttreue. Geht Lars mit anderen Jungs aus, bilden sie in jeder Bar, in jedem Club das Kraftzentrum. Aber je länger das dauert, um so deutlicher spüren die einsamen Mädchen und Frauen, daß diese Jungs keine Ergänzung in ihrem Leben suchen: Sie sind mit sich und untereinander glücklich. Und weil sie nicht schwul sind, fehlt ihnen nur der regelmäßige Geschlechtsverkehr. Das Umgreifen von Brüsten, das Schnuppern an zarten Hälsen, das Lächeln einer hübschen Frau an einem sonnigen Morgen.

Lars flirtet eigentlich schlecht. Er ist eine eitle Nervensäge. Eher zu schlau als zu dumm. Er ist Mitte Zwanzig und reif für eine große Liebe. Die Zeit bis dahin nutzt er, um sich selbst als eine Art poetisches System zu vollenden. Und ganz ehrlich: die meisten Menschen nerven ihn. Sie finden ihn oberflächlich, und er hält sie für unbelehrbare Barbaren. Ihre Unsensibilität treibt ihn Woche für Woche tiefer in den Sog der Einsamkeit, dem er nur entkommt, wenn er mit seinen Freunden Unsinn macht oder zarte, kleine Mädchenseelen lachend auseinanderschraubt. Er weiß nicht, ob er so alt werden will. Er macht sich darüber keine Gedanken. Er legt den Schal um, zieht seine orange-braunen Nike-Sneakers an, freut sich über den Anblick im Spiegel und verläßt sich. Er geht zu den anderen.

Lars ist lustig. Mit seinen Kumpels lacht er, und eine seiner vielen, im Sekundentakt produzierten Weisheiten und Lebensphilosophien lautet, daß Lachen Nähe ersetzen kann. Was seine Kumpels betrifft, Frauen wie Männer, ist er anhänglich und treu. Die richtige Frau muß das auch sein.

Einsamkeit haßt Lars. Trotzdem sucht er sie: mit DVDs, in der Ruhe des Golfplatzes, mitten auf der Tanzfläche, wenn er die Augen schließt, völlig im Rhythmus des Songs aufgeht und das Glück aus ihm herausstrahlt. Ganz vorsichtig zieht er die Mundwinkel nach oben: Er grinst, die Augen sind zu. Die Frauen um ihn herum sind verwundert und geflasht. Sie lernen ihn kennen und scheitern an seiner Schnelligkeit. Er langweilt sich, wenn eine Frau den Speed nicht halten kann.

Lars wohnt wie ein Schwein. Auf dem Boden sieht

man die Spuren eines beziehungslosen Lebens. Statt einer Freundin nur Schlampen. Jeden Monat wächst die Dreckschicht auf dem Linolboden, die Farben der Fliesen im Bad sind nicht mehr zu erkennen. Golfschläger, Turnschuhe und englische Zeitschriften türmen sich um das Bett. Seine letzte Freundin hat leidenschaftlich gern gebügelt. Er genoß es, ihr dabei zuzusehen. Sie machte auch bei ihm sauber. Aber wenn er grinsend (ja, wieder grinsend) zwischen seinen Müllhaufen steht, ahnt man, daß genau dieses Tohuwabohu Nährboden für einen Spaß ist, der Selbstverwirklichung mit geduldeter Verwahrlosung identifiziert. Gleichzeitig verhindert der Dreck, der bei Morgenlicht und nüchtern betrachtet widerwärtig ist, daß man es sich zu Hause allzu gemütlich macht. An einem derart verwahrlosten Rückzugsort ist ernsthaftes Cocooning ausgeschlossen. Weil Lars seine Wohnung verslumen läßt, treibt es ihn nach draußen. Zu den Menschen, in die Bars, in sein kleines Großraumbüro, auf Konzerte und Partys, in Museen, Cafés, die Uni, in die Arme zarter, kleiner Frauen und in die Herzen jener Frauen, die ihn nach einem – wie er sagt: wundervollen – Jahr der Einsamkeit in ihr Herz schließen und lieben.

Dann freut sich Lars auf geputzte Fliesen, aufgeräumte Videoregale, einen sauberen Autofond und eine Butter im Kühlschrank, die nicht aus dem letzten Quartal stammt. Lars ist dann weniger lustig, aber anstatt zu grinsen, lacht er manchmal. Und zwar so ganz anders als zu der Zeit, als er flirtete. Alles in ihm lacht. Er genießt die Nicht-Einsamkeit. Am Ende heiraten Typen wie er.

Die Antithese zu Lars ist Tüüna. Sie ist älter, reifer, weicher, weiter. Nach dem ersten Jahr Einsamkeit war ihre Wohnung nicht dreckiger und speckiger, sondern sauberer und schöner. In der Zeit, in der ihr letzter Freund sie mitnutzte, war die kleine Altbauwohnung ein wenig verwohnt geworden und es fehlte der Glanz klaren Designs, den Tüüna so liebt. Nur ihrer besten Freundin vertraute sie an, daß sie eigentlich fand, ihr Freund störe. Er war ein überaus erfolgreicher junger Jurist, im Beruf strukturiert und im Privatleben geduldet chaotisch. Tüüna merkte, daß sie die Dinge nicht so haben wollte, wie Thomas sie arrangierte – oder besser: derangierte – weder im Bad noch in der Küche, im Schlafzimmer oder auf dem Schreibtisch. Nach drei langen Beziehungen mit nur winzigen Unterbrechungen und insgesamt fast elf Jahren Laufzeit war Tüüna reif für das andere: die gnadenlose Selbstbestimmung ohne Rücksicht auf Verluste.

Als Thomas schließlich Schluß machte, weil sie ihn Schluß machen ließ – indem sie wochenlang durch ihn hindurchsah und nur mehr mürrisch auf seine Zärtlichkeiten antwortete –, als Thomas also seine wenigen Sachen packte und relativ grußlos verschwand, war Tüüna mehr als glücklich. Sie hörte in sich hinein, ob sie irgendeine Art von Schmerz verspürte, aber fühlte nichts als Erleichterung. Seit sie 17 war, hatten ihr Herz und ihr Leben immer anderen gehört. Tollen und weniger tollen Männern, und jetzt wollte sie neu entdecken, wer sie war, was sie meinte und wie ihre Welt aussähe, wenn sie ausschließlich von ihr gedacht und entworfen wäre.

Sie begann damit, ihr Bad umzuräumen. Alles, was ihr nicht mehr gefiel, wanderte in einen Müllsack. Zurück blieben nur die schönen Flakons, Cremetuben und Kämme. Pastellfarbene Handtücher landeten ebenso im Beutel wie verdreckte Rasierer oder die Muschel mit dem Sand aus Bali. Alles weg. Weg. Im Schlafzimmer und in der winzigen Ankleide machte sie den Sack voll. Danach saugte sie Staub und räumte bis weit nach Mitternacht auf. Gegen drei saß sie erschöpft auf dem Bett und strahlte matt. Es sah nicht mehr aus wie bei ihr. Es sah aus wie bei einem Single. Unter der Dusche sagte sie sich immer wieder jenes bisher so fremde, fremde Wort vor. »Single.« Alleine. Noch nicht einsam. Hoffentlich bald.

Ein Jahr Einsamkeit, bewußt genossen, verändert den Kompaß eines Menschen. Er hat gelernt, für sich zu sein. Diese Erfahrung kann ihm niemand mehr nehmen. Er weiß, bei sich zu sein, und fürchtet sich nicht vor der Stille beim Einschlafen. Er hat keine Angst mehr vor Wochenenden, an denen er mit keiner Sterbensseele spricht. Er hat Kurzurlaube ohne Begleitung hinter sich gebracht. Er hat nicht begonnen, mit sich selbst zu reden. Er ist weiterhin attraktiv. Er hat keine Angst, so alt zu werden.

»Haben wir die Liebe verlernt?« fragte das Magazin »Neon« auf dem Titel und zeigte ein wunderhübsches junges Paar, kurz bevor sich die Lippen berühren. Die Geschichte erzählt von den sieben Millionen jungen Singles in Deutschland und wie sie sich mit Hilfe von Internetflirts und Datingagenturen aus ihrer Einsamkeit befreien wollen. Nur zehn Prozent dieser Singles seien zufrieden, heißt es da: So wird aus dem Heer der Einsamen ein Heer der Unglücklichen, die mit eat&flirt, Speed-Blind-Date (sieben Frauen, sieben Männer, je sieben Minuten Zeit zum Kennenlernen), Fisch-sucht-Fahrrad oder Blind-Date-Kochkurs versuchen, der Einsamkeit zu entkommen. Singlebörsen seien »tatsächlich effektiv«, berichtet die 27jährige Informatikerin Melanie aus Hamburg. »Ich bin so eingespannt in meinem Job, wann soll ich noch jemanden kennenlernen?« Im Internet wird solchen Frauen geholfen. Melanie besteht allerdings auf einem Foto und einem Treffen innerhalb einer Woche: »Für langen Mailverkehr habe ich keine Zeit.«

Reizend. So wird Melanie länger als ein Jahr einsam bleiben. Wenn das Gefühlsleben zum Appendix von Karrierewünschen wird, hat die Liebe keine Chance. Aber Melanie eben auch nicht die Möglichkeit, einsam glücklich zu werden. Dafür nämlich muß man beginnen, sich selbst zu lieben. Sich mit sich selbst zu verabreden, sich zu verwöhnen und an sich zu arbeiten. Man geht mit sich auf eine Entdeckungstour. Man betreibt Egobuilding. Aber nicht, um am Ende ein narzißtischer Clown oder ein egozentrisches Monster zu werden, sondern ein liebenswerter Mensch, der sich selbst und andere umarmen kann. Ein souveränes Subjekt.

Souverän heißt Herrscher seiner selbst. Nach einem Jahr, liebe Einsame, müßten Sie Herrscher Ihrer selbst sein.

Nur wer sich selbst beherrscht, kann auch einer Liebe Herr werden und einer/einem Geliebten. »Höhere Seelen schaffen höhere Welten«, schrieb Walter Rathenau. Der Friede der Beziehungslosigkeit bietet die Möglichkeit, die Seele auszuloten und sie zu weiten. Einsamkeit erfordert eine spezielle Lebenstechnik: Man muß Lebenskünstler werden. Ohne Virtuosität, dafür mit um so mehr Nachhaltigkeit und Konsequenz. Dabei muß gerade bei der eigenen Wesensbildung die soziale Kompetenz mitwachsen. Autismus ist nur als Schutzschild akzeptabel, um in der notwendiger Ruhe und Abgeschiedenheit am Selbst zu arbeiten. Nicht als Krankheit, sondern als Strategie, in deren Windschatten Zartheit und Sensibilität gedeihen.

Zur Souveränität gehört auch, Selbststilisierungen in Frage zu stellen. Der Soziologe Richard Sennett spricht von perfekten Kunstwerken als Solitären: Mies van der Rohes aufs Äußerste reduzierte Farnsworth House etwa sei so filigran konstruiert, daß schon das Verrücken eines Sessels das Gleichgewicht störe. Viele Narzißten neigen zu ähnlicher Selbstversenkung und Objektivierung der eigenen Existenz und werden dabei starr und unflexibel. Beim Bemühen um Perfektion gilt deshalb immer auch das goldene Gebot des modernen Zeitgenossen: locker bleiben. Nur so bleibt der Einsame verführerisch.

Wer nach einem einsamen Jahr der Souveränität noch nicht näher ist, muß vielleicht in die Stille eines Klosters fliehen und dort auf sich hören. Wer zu empfindlich auf Störgeräusche reagiert, muß vielleicht aus dem Sozialleben ausbrechen. Dann kann Befreiung sehr schmerzhaft werden.

Die junge Autorin des jungen Magazins braucht das nicht. Sie schreibt »Allein zu Hause«. Motto: besser fast glücklich alleine als unglücklich zu zweit. Die Essenzen: das Leben als Single ist aufreibender, lustiger als zu zweit; wenn ich mir manche Langzeitpaare ansehe, bin ich froh, Single zu sein. Das Ende: dann kommen meine Freunde, und ich fühle mich wohl. Es gibt polnisches Bier, ich lache mich tot. Der Abend wird schön und beim Rausgehen streichle ich die schwarzen Hengste neben der Tür. Bald, irgendwann, kommt er auf einem von ihnen geritten, mein Prinz. Der dann mein Herz nimmt und mich nie, nie langweilen wird.

Soweit die junge Frau in »Neon«. Sie ist mehr Exemplar als Individuum. Dabei ist doch eines der zentralen Geheimnisse der Einsamkeit die Mühe, man selbst zu sein; nicht Exemplar, sondern das eigene Eigene, wie ich das philosophisch ausdrücken möchte. Der Sinn der Beziehung zu sich selbst sei vielleicht, so Wilhelm Schmid, weit abzukommen von der Selbstbezogenheit.

Auf der anderen Seite ist gelungene Einsamkeit ein guter Gradmesser fürs Glücklichsein: »Wenn ich es genieße, für mich zu sein, geht es mir meistens sehr gut«, erzählt Silke, 28. »Dann denke ich gern nach, freue mich, meinen Tag genau so zu verbringen, wie ich es gerade will. Ein großartiges Gefühl.«

Wer es spürt, ist auf dem Sprung zum anderen. Denn dieses Gefühl zieht die Menschen wie ein Magnet an.

Die rührendste Geschichte zum Schluß. Werner, 44, erfolgreicher Buchdesigner und großgewachsener Schweizer, war ein Frauenheld. Hatte er eine Frau an seiner Seite, war er treu und geduldig. So verbrachte er seine Jugend, seine ersten Jahre als Erwachsener und schließlich als reifer Mann, bis er fühlte, daß er allein sein mußte. Drei Jahre war er es. Danach spürte er wieder das Verlangen, auf Frauen zuzugehen. Aber nirgendwo fand er die Art von Frau, für die er sein einsames Glück eintauschen wollte.

Als Charlottenburger ging er immer in den kleinen Supermarkt neben dem Gründerzeithaus, in dem er seine Wohnung und sein Büro hatte. Und dort sah er sie. »Die erste Frau, die mich wirklich interessierte.« Zwischen Maggi-Würfeln und Sellerie-Salat stand eine zierliche, aparte, auf den zweiten Blick wunderschöne Frau und blickte verträumt auf das Regal mit den Senfsaucen. Werner wußte in dieser Sekunde, daß sich sein Leben nun wieder ändern würde. Er überlegte kurz, ob er sich eine Zigarette anzünden könne, hier im Supermarkt, einfach, um ein wenig nachzudenken, wie er das Ganze jetzt anfangen sollte. Wenn er nachdachte, mußte er rauchen. Er hatte die Schachtel schon aus der Innentasche seines schwarzen, abgetragenen Jacketts geholt und wollte eine Zigarette herausklopfen, als ihm einfiel, daß dies weder an diesem Ort noch von einer Frau, die er nicht kannte, als besonders liebenswert eingestuft werden würde.

Die Zigarettenschachtel wanderte wieder in das Jackett und er der schönen Frau hinterher. Er sah ihre

Schuhe und mochte sie: enge, spitze Schuhe mit selbstbewußten Absätzen. Er sah ihren verträumten, sinnlichen Blick auf alles, was ihr in diesem Charlottenburger Supermarkt begegnete, und mochte ihn. Werner hatte sich in der Sekunde verliebt.

Erst an der Kasse bemerkte die Frau den freundlichen Riesen mit den kurzen schwarz-grauen Haaren und den abgetragenen Converse-Sneakers. Auch sie mochte, was sie sah – in der Sekunde. Aber sie sollte es nicht mögen. Was würde ihr Freund dazu sagen. Nachdem sie gezahlt hatte, flitzte Werner aus seiner Kassenschlange zur Tür und hielt sie ihr auf. Sie schmunzelte und verschwand. Werner blickte ihr nach, sie aber hielt den Kopf nach vorne gerichtet. Werner zahlte und suchte dann die Straßen nach ihr ab. Früher oder später würde er sie wiedersehen. In einem Supermarkt trifft man immer dieselben Leute. Und so ging er an den nächsten zehn Tagen immer zur selben Zeit in den Supermarkt und suchte die Gänge nach der Frau seiner Träume ab – als solche hatte er sie schon tituliert. Mit jedem Tag, an dem er sie nicht traf, wurde er mürrischer und verletzlicher. Die Arbeit litt.

Am elften Tag hatte er einen Termin in Hamburg und trottete zum Bahnhof Zoo. Als Reisender der Ersten Klasse saß er mit seinem Laptop und den internationalen Magazinen zwischen Zweireihern, zu denen jeweils eine goldene Rolex gehörte. Er flüchtete in den Bistrowagen und bestellte sich – gegen seine Gewohnheit um diese Tageszeit – ein Bier. »Auf die Arschlöcher«, wollte er prosten, als er spürte, daß ihn jemand musterte. Weiter hinten, zwischen den Nebelschwaden, die seine schnell gerauchte Zigarette aufsteigen ließ. Er konnte niemanden erkennen und trank weiter. Als er die Zigarette ausdrückte und der Rauch verschwand, erkannte er sie. Sie lächelte ihn an. »Das gibt's nicht«, stöhnte er. Er stellte sich vor die junge Frau hin. »Wir kennen uns von irgendwo her«, wisperte sie mit einem wundervollen französischen Akzent. »Das kann man wohl sagen«, brummte Werner zurück. Den Rest der Zugfahrt waren sie ein Paar. Sie tauschten Telefonnummern aus und wollten sich verabreden.

Schon am nächsten Tag schickte Werner eine SMS. Und wartete: bis tief in die Nacht hinein. Am nächsten Morgen rief er an. Mailbox. Er hinterließ eine Nachricht: charmant, sehr lustig sogar, keine Spur von Unsicherheit. Am Abend schrieb er wieder eine SMS. Schweigen. Werner schlief schlecht. Am anderen Tag schickte er eine Art Wahlzettel: drei Vorschläge für einen Abend mit ihm, von ganz zivilisiert und harmlos bis zu streng versaut. Zehn Minuten später kam die Antwort: »Alle drei!« Wenige Stunden später waren sie ein Paar und sind es bis heute. Die drei Jahre im freiwilligen Zölibat, die, wie er sich erinnert, »unendlichen, aber auch unendlich schönen Stunden der Einsamkeit« haben Werner alles klarer sehen lassen. Er sei durch sein früheres Leben hindurchgetaucht und durch all seine Beziehungen, und nach Jahren der Einsamkeit in klarerem Wasser aufgetaucht. »Nichts ist schöner als das.«

Das Ende der E i n s a m k e i t …

… muß Liebe sein. Sie ist das süßeste Geheimnis unserer Existenz. Das natürliche Paradies, durch kein künstliches zu ersetzen – außer die japanische Modedesignerin Rei Kawakobu würde es entwerfen. Nach Wochen, Monaten oder Jahren der Jagd und der Hast darf sich der Einsame in den Armen des anderen fallenlassen, um auf dem ureigensten Grund seines Selbst aufzuschlagen. Ich ist nur Ich, wenn ein Du es entdeckt hat und die Beschränktheit des Selbst aufbricht. Der Kuß, der nicht mechanisch ist, sondern Hingabe und versprechendes Opfer, beendet alle Träume und stellt sie in die Wirklichkeit.

Nur wer Einsamkeit aushält, kann lieben. Die anderen springen von einer Liebe zur nächsten. Von einer Beziehung zur anderen. Aus Angst vor Einsamkeit scheint die Liebe für viele Menschen ein langer, ruhiger Fluß zu sein. Sie lieben in der Liebe mehr das Gefühl zu lieben, als den Geliebten. Der Geliebte ist in der Liebe ohne Pause nur Mittel zum Zweck.

Nach einer großen Liebe muß jede Frau, jeder Mann einsam sein. Wer sich gleich wieder verliebt und bindet, hat nicht geliebt.

Die Unmöglichkeit, Liebe zu finden, ist die einzige Entschuldigung für Einsamkeit.

Dank an Philipp Jessen, Simone Hanselmann, Barbara Wenner, Britta Egetemeier, Karin Graf, Jens Piper, Julia Pagel, Silke Wichert, Anja Cyrus, Alex Jordan, Walter Schönauer, John Cacioppo, Dr. A. Stirn, Axel Benz, Jenny Schlenzka, Turboclaudia, Barbara Baumgartner – sowie an unzählige Interviewpartner, die mir mit Geduld und großer Offenheit von den einsamen und glücklichen wie unglücklichen Stunden erzählt haben.

Literaturverzeichnis

Ines Possemeyer: *Einsamkeit*, in: Geo 10/2002.
Diese Titelgeschichte ist bisher die beste Zusammenfassung zum Thema.

Ulf Poschardt: *Einsamkeit wird vererbt*, in: Welt am Sonntag vom 26. 12. 2004
Interview mit dem wichtigsten Einsamkeitsforscher Prof. John Cacioppo.

Silke Wichert, Ulf Poschardt: *Stille Nacht*, in: Welt am Sonntag vom 26. 12. 2004
Über Einsamkeit an Weihnachten.

Jürgen Zulley, Barbara Knab: *Unsere Innere Uhr*. Freiburg 2003
Der Schlaf-Forscher Zulley forscht auch über die Bedeutung von Nähe und Isolation.

www.single-generation.de
Brillantes Archiv für alle Themen rund um Einsamkeit, Single-Dasein und Glück allein.

Weitere Empfehlungen

Joachim Bessing u. a.: *Tristesse Royal, Das popkulturelle Quintett*. Berlin 1999

Albert Camus: *Der Fremde*. Reinbek 1997

Albert Camus: *Der Fall*. Reinbek 1995

Christine Koller: *Die Kraft der Einsamkeit*. München 2005

Christian Kracht: *Faserland*. Köln 1995

Ildiko von Kürthy: *Mondscheintarif*. Reinbek 2003

Gerhard W. Lauth, Peter Viebahn: *Soziale Isolierung. Ursachen und Interventionsmöglichkeiten*. Weinheim 1987

Ulf Poschardt: *Cool*. Reinbek 2002

Ulf Poschardt: *Über Sportwagen*. Berlin 2002

Wichard Puls: *Soziale Isolation und Einsamkeit. Ansätze zu einer empirisch-nomologischen Theorie*. Wiesbaden 1989

John Selby: *Die Kunst, allein zu sein*. München 2001

Wilhelm Schmid: *Mit sich selbst befreundet sein*. Frankfurt 2003

Katharina Zimmer: *Die Kunst, allein zu leben*. Berlin 2004